INVESTIGACION SOCIAL
teoría y praxis

Para Ariadne,
con todo gusto

Raúl Rojas Soriano

INVESTIGACIÓN SOCIAL

teoría y praxis

Raúl Rojas Soriano

PLAZA Y VALDES

PyV

FOLIOS
UNIVERSITARIOS

COLECCIÓN FOLIOS UNIVERSITARIOS

Portada: Lourdes Ladrón de Guevara
Diseño de portada: Colberdt

Investigación social teoría y praxis

Primera edición: 1985
Segunda edición: 1986
Tercera edición, corregida y aumentada: enero de 1988
Cuarta edición, corregida y aumentada: diciembre de 1989
Quinta edición: enero de 1992
Sexta edición: septiembre de 1993
Séptima edición: diciembre de 1995
Octava edición: julio de 1997
Novena edición: septiembre de 1998
Décima edición: febrero de 2001
Décima primera edición: octubre de 2002

© Raúl Rojas Soriano
© Plaza y Valdés, S. A. de C. V.

Editado en México por Plaza y Valdés, S. A. de C. V.
Manuel María Contreras núm. 73, Col. San Rafael
México, D. F. Tel. 5705-56-46
E-mail: editorial@plazayvaldes.com.mx

ISBN: 968-856-130-4

Impreso en México
Printed in Mexico

INDICE

INTRODUCCION
PRIMERA PARTE
PROBLEMAS DE LA PRACTICA CIENTIFICA

5

8

INTRODUCCION

Este libro se compone de dos partes: en la primera se presentan una serie de experiencias concretas con el objeto de que se tenga una idea más precisa de los problemas que se enfrentan en el trabajo científico. En la segunda parte del texto se exponen los términos más comunes empleados en el ámbito de la investigación ; su definición se hace con base en las experiencias docentes y de investigación que hemos tenido en distintas instituciones y de conformidad con una posición materialista.

Esta obra, sobre todo lo que respecta al aparato conceptual, requiere de una constante revisión a fin de mejorar la definición de cada término y facilitar su manejo en el proceso de enseñanza-aprendizaje y en la práctica profesional.

Por último, agradezco los comentarios y observaciones de mi compañera la Licenciada Amparo Ruiz. Estoy en deuda, además con la pasante en psicología Josefina Tovar por su paciente labor en la revisión y transcripción del texto.

Asimismo, deseo externar mi agradecimiento al Sr. Fernando Valdés por su decidido apoyo para la publicación de este libro y a la licenciada Graciela Chávez Olvera su entusiasta y eficiente participación en los distintos aspectos del trabajo editorial.

Raúl Rojas Soriano

Primera parte

Problemas en la práctica científica

I. Problemas y sugerencias en la enseñanza-aprendizaje de la metodología de investigación

La mayoría de las carreras a nivel superior incluyen en sus proyectos académicos cursos de metodología, por lo que pudiera pensarse que la elaboración e instrumentación de un programa de estudios en esta área es realmente fácil. También resultaría sencillo para los alumnos comprender y llevar a la práctica los planteamientos metodológicos para realizar una investigación.

La situación se torna difícil cuando analizamos los problemas que enfrentan los profesores de una misma carrera (sociología, antropología, economía, trabajo social, etc.) para organizar el programa de estudios de metodología. Al determinar los objetivos y contenidos que deben incluirse, así como los métodos de trabajo y la bibliografía que deben utilizarse, pueden presentarse discordancias entre los profesores.

Sin duda, la manera de enfocar la metodología y por lo tanto los objetivos y los temas que se incluyan, así como la forma de poner en práctica el programa de la asignatura, estarán en función de la formación profesional, de los intereses intelectuales y de las experiencias concretas que tienen los docentes en el campo de la investigación.

En un encuentro organizado por la Facultad Latinoamericana de Ciencias Sociales y el Consejo Mexicano de Ciencias Sociales, sobre "Los problemas en la enseñanza de la metodología en la formación de profesores e investigadores en Ciencias Sociales",*

* Ponencia presentada el 8 de diciembre de 1982.

15

demostramos que en una Facultad como la de Ciencias Políticas y Sociales de la UNAM los programas de estudio de los profesores de una misma carrera enfocaban de modo diferente la metodología de investigación, lo cual se reflejaba en los objetivos y la temática incluidas en dichos programas. Esta situación se presentaba también a nivel licenciatura y era común en la mayoría de las escuelas que impartían asignaturas de metodología.

El asunto no termina ahí ya que un proyecto académico tiene que llevarse a la práctica en el proceso de enseñanza-aprendizaje. El enfoque que se le dé a la materia en general y el acento que se ponga en ciertos temas, la manera de exponerlos, los ejemplos que se utilicen, etc., dependerá como señalábamos anteriormente, de la formación y experiencia profesional así como de las inquietudes académicas de cada docente.

De igual modo, la forma de los alumnos de adquirir el conocimiento; las nociones que recuperan de la clase y la manera de integrarlas a los demás elementos teóricos, metodológicos y técnicos que obtienen en otras materias; las dudas que poseen; la falta de comprensión de algunos temas; el interés en su formación académica, etc., depende también de elementos objetivos que enfrentan los estudiantes en su proceso de vida social.

Algunos aspectos objetivos, por ejemplo la situación económica del alumno, repercuten en el proceso de enseñanza-aprendizaje ya que limitan el acceso a una bibliografía mínima y a una nutrición adecuada, elementos básicos para que dicho proceso alcance su propósito. Entre las cuestiones de carácter subjetivo están los aspectos emocionales que pueden dificultar la comprensión de los temas, sus expectativas sobre la carrera y sus intereses vocacionales y profesionales. Recuérdese que los elementos objetivos se subjetivizan en cierto momento y bajo determinadas circunstancias, y aquello que es subjetivo se vuelve objetivo, es decir, se expresa en una práctica social concreta.

Los problemas que surgen en el proceso de enseñanza-aprendizaje se traducen en deficiencias en la preparación de los estudiantes, cuya materialización se observa con más claridad en el ejercicio profesional. Así, una importante proporción de estudiantes y de egresados tanto de las ciencias sociales como de las ciencias naturales carecen de suficientes elementos para fundamentar teórica y metodológicamente su proyecto de tesis o el trabajo de investigación que se les encomienda en el lugar en que laboran. Los asesores académicos y los directivos de las instituciones y dependencias, se quejan frecuentemente tanto de la falta de una consistente preparación metodológica como de la dificultad para poner en práctica los conocimientos que se adquieren durante la carrera.

También los estudiantes y egresados expresan su inconformidad sobre la preparación profesional. Señalan que los conocimientos que obtienen en las aulas son de poca utilidad; que conocen diversas teorías pero no saben como aplicarlas en un análisis concreto; que tienen dificultades para diseñar una investigación o realizar una etapa de ésta. Muchos afirman que es durante la práctica profesional cuando se aprende la manera de aplicar los conocimientos: "no fue sino hasta que terminé la carrera cuando realmente comencé a investigar", dijo un egresado anónimo en una entrevista por radio que casualmente escuché momentos después de escribir estas notas.

Lo anterior debería obligarnos a reflexionar sobre la problemática que encierra la enseñanza de la metodología y sus implicaciones en la formación personal y profesional de los estudiantes, a fin de buscar los medios más idóneos para elevar su preparación en el campo de la investigación.

Para mejorar el proceso de enseñanza-aprendizaje de la metodología, es necesario conocer tanto las formulaciones teóricas sobre el método como los requerimientos metodológicos e instrumentales concretos que exige la práctica profesional. Asimismo, es requisito indispensable tomar en cuenta las limitaciones y temores que manifiestan los alumnos cuando se les pide que realicen una investigación.

Podemos pensar que resulta sencillo llevar a cabo los diferentes

17

procesos del trabajo científico y por eso solicitamos a los alumnos que desarrollen un proyecto de investigación; sin embargo, no siempre pueden hacerlo con el rigor metodológico necesario.

En un curso de metodología de investigación,* varios profesores comentaron que les resultaba fácil pedir a sus alumnos que delimitaran el tema de su investigación; sin embargo, al encontrarse en una situación similar, se daban cuenta de las dificultades que tenían que enfrentar para precisar el tema objeto de estudio, que en ese caso era: la productividad industrial.

En las escuelas en las que se imparten diferentes carreras de ciencias sociales o que incluyen disciplinas tanto de esta área como de ciencias naturales, la enseñanza en los primeros semestres o trimestres se realiza con base en un tronco común del que se desprenden las distintas profesiones. En dicho tronco se imparten, por lo general, las materias de metodología.

Cuando analizamos el plan de estudios de una disciplina podemos constatar su consistencia interna; la manera como la metodología se vincula con otras asignaturas, ya sea en forma vertical (con los semestres anteriores o posteriores) u horizontalmente (con las materias del mismo semestre). También podemos comprobar que los objetivos del área de metodología se articulan orgánicamente con los de las otras áreas y que en conjunto, los objetivos particulares e intermedios permitirán alcanzar los objetivos de la carrera y satisfacer, por lo tanto, los requisitos y características del perfil del egresado.

Empero, una cosa es el proyecto académico y otra bien distinta es el modo como se organiza e instrumenta el proceso de enseñanza-aprendizaje. Aquí surgen diversas cuestiones que dificultan la puesta en marcha del plan inicial y que pueden alterar su filosofía, objetivos y contenidos, así como las formas de trabajo y evaluación.

Habría que preguntarse si los profesores de metodología co-

* Curso impartido del 13 al 17 de febrero de 1984, en la Unidad Profesional Interdisciplinaria de Ingeniería y Ciencias sociales y Administrativas (UPIICSA) del IPN.

nocemos el plan de estudios de la carrera, sus objetivos y el perfil del egresado; los objetivos particulares del tronco común y/o de la materia de metodología tal como se presenta en el proyecto inicial. Sería interesante saber cómo los profesores elaboramos el programa de estudios, es decir, con base en qué conocimientos, información y experiencias. Además, es necesario conocer la forma de llevar a la práctica un programa de estudios; los cambios que se introducen y hasta qué punto los profesores consideramos que se alcanzaron los objetivos del programa al final del curso.

Resultaría igualmente importante conocer los problemas que tienen los estudiantes para una comprensión adecuada de la materia y de los distintos temas; sus temores para realizar una investigación; sus opiniones sobre la forma como debe conducirse el proceso de enseñanza-aprendizaje; las limitaciones que observan en la preparación del docente, tanto en el área de metodología como en cuestiones didáctico-pedagógicas.

Por otro lado, los profesores deberíamos saber si los alumnos son capaces tanto de comprender los diversos planteamientos metodológicos y las técnicas de investigación expuestas durante el curso, como de aplicarlas en un análisis concreto o para efectuar una investigación específica.

Para comprender las repercusiones del proceso de enseñanza-aprendizaje en la preparación de los estudiantes, debemos reconocer que estos no dejan de serlo al abandonar el aula para ir a sus casas; aquello que aprenden y cómo lo aprenden se incorpora a su formación profesional y a su proyecto de vida en general, ya que los conocimientos y experiencias que adquieren en la escuela pasan a formar parte de su desarrollo profesional y personal.

Al enseñar metodología, algunos profesores exponemos solamente los lineamientos y reglas para realizar una investigación así como los problemas que deben enfrentarse y la forma de resolverlos; otros pedimos durante el curso o al final de éste que los alumnos lleven a cabo un trabajo de investigación a fin de que se den cuenta por sí mismos de las dificultades que deben enfrentar en el proceso de investigación.

La enseñanza de la metodología debe permitir el desarrollo de una actitud crítica y la capacidad de discusión a fin de someter los proyectos a consideración del grupo, posibilitando que poco a poco se adquiera confianza para presentar y defender los trabajos sin temor a la crítica.

Los estudiantes deben, por lo tanto, asumir un papel activo en el aula a fin de participar creativamente en su formación académica. Para lograr esto, el docente debe cambiar su concepción tradicional sobre la relación profesor-alumno en la que se destaca fundamentalmente la participación del educador. Es necesario que se ponga en el lugar de sus alumnos a fin de comprender mejor las limitaciones y temores que siente la mayoría, la que prefiere asumir una actitud pasiva a participar en clase con preguntas, comentarios u observaciones.

Con base en la experiencia docente, podemos decir que muchos alumnos que no se atreven a hablar debido a su timidez o por temor a la crítica lo harán cuando el profesor asuma su verdadero papel, es decir, los motive y sea capaz de crear un ambiente de respeto y armonía. Cuando esto se logre la crítica se verá como algo natural, es decir, como un elemento básico para mejorar la formación profesional.

Existen diversas formas para que los estudiantes participen en clase y se evite que la atención se concentre en un reducido número de personas que intervienen con más frecuencia, mientras que la mayoría se mantiene a la expectativa o simplemente se margina.

El profesor debe orientar la participación del grupo motivando a quienes rara vez hablan o nunca lo hacen. Si muestra comprensión y logra que los alumnos tengan confianza en que sus puntos de vista se escucharán con respeto, poco a poco comenzarán a intervenir aquellas personas que antes no lo hacían. Sin duda, una plática informal después de clase permitirá conocer las razones que limitan su participación. Con esto se podrá orientar y motivar a los alumnos que no intervienen en clase pero que tienen preguntas, ideas o planteamientos valiosos que deben considerarse para mejorar el curso.

Se requiere, pues, que tanto el profesor como los alumnos estén dispuestos a adoptar formas de trabajo en clase que permitan incrementar y mejorar la participación del grupo.

Para crear un clima de confianza debemos buscar el momento oportuno para decir o "confesar" algo que muchos docentes negamos: que como profesores alguna vez hemos sentido temor al estar frente a un grupo aunque no lo reconozcamos; que fuimos alumnos y comprendemos la angustia que tienen muchos de ellos cuando se les pregunta o se les pide exponer un tema; que las personas que no participan pueden tener ideas brillantes o sus preguntas y dudas servir para orientar el rumbo de la clase; que no es lo mismo hablar desde el pupitre que hacerlo desde el lugar del maestro, ya que muchos estudiantes bien preparados y que participan desde sus lugares no siempre se expresan con propiedad cuando están frente al grupo o muestran temor de exponer.

Recuerdo que en un curso que impartimos en marzo de 1984 a investigadores de la Dirección General de Desarrollo Tecnológico de la SCT un doctor en física, graduado en la Universidad de Harvard, intervenía constantemente desde su lugar haciendo comentarios y observaciones. Antes de terminar el curso les indiqué que en la última sesión se elegiría al azar a un miembro de cada equipo para que expusiera el proyecto de investigación respectivo a fin de someterlo a la crítica del grupo. Antes de iniciar la última sesión, el egresado de la Universidad de Harvard se me acercó un poco angustiado para pedirme que cuando correspondiera exponer a su grupo lo hiciera determinada persona que era la más idónea ya que poseía más información sobre el tema.

Esta anécdota la relato para demostrar que el asumir el papel de profesor no resulta fácil, es necesario controlar el temor o angustia, superar poco a poco nuestras limitaciones y corregir las fallas que tenemos cuando estamos frente a un grupo. Es preferible cometer en clase todos los errores, a fin de que en un ambiente de comprensión y respeto se mejore la participación, que esperar enfrentarnos a la práctica profesional para que sean los directivos de las dependencias u otros investigadores quienes nos señalen los errores en que incurrimos.

Cuando el docente logra crear un ambiente de respeto y armonía, que los estudiantes se interesen por su materia y los motiva para que intervengan activamente en el desarrollo del curso, está en el momento oportuno para elevar el nivel de participación del grupo. Para ello, el profesor debe orientar de tal forma su exposición que permita poco a poco mejorar las críticas, observaciones y preguntas de los alumnos. Cuando éstos se dan cuenta del proceso de superación que se manifiesta en el grupo se preocuparán todavía más por asumir la responsabilidad que les corresponde en su formación profesional.

Si el grupo ha madurado lo suficiente, el docente debe buscar otro tipo de participación en el que el estudiante asuma: por un lado, no sólo la posición de profesor que tiene que conocer un tema, sino ser capaz de exponerlo a sus compañeros con términos que faciliten su comprensión. Por otra parte, el alumno debe colocarse en el papel de investigador y someter su proyecto de investigación a las críticas y observaciones de sus compañeros (recuérdese que el profesor forma parte del grupo y es, por lo tanto, un compañero que por sus conocimientos y experiencias funge como coordinador del mismo).

En la enseñanza tradicional sólo participa un reducido porcentaje de alumnos, sobre todo "los más destacados", quedándose relegados aquellos que no hablan en clase por temor a hacer el ridículo, por falta de conocimientos o porque no sienten interés por el curso o por determinados temas.

En una encuesta que hicimos a los estudiantes de sociología de la Facultad de Ciencias Políticas y Sociales de la UNAM, el 39.5% de los estudiantes que no participaban en clase se debía a la timidez, inseguridad o temor a la crítica; el 29.3% por falta de conocimientos sobre el tema; el 15.3% por la deficiente o nula motivación por parte del profesor; y el resto dio otras respuestas.

En la concepción del proceso de enseñanza-aprendizaje que planteamos, el profesor debe buscar que el conjunto del grupo asuma una mayor responsabilidad en el desarrollo de la clase a fin de que externe las críticas, comentarios y preguntas que considere pertinentes para mejorar el curso. Como docentes debemos evitar que los alumnos evadan ese compromiso, por lo que en lugar de preguntar quién desea exponer el tema que corresponde a ese día o resumir los puntos tratados en la sesión anterior, debemos seleccionar al azar a los estudiantes que participan. Se recomienda no elegir a todos a la misma vez, ya que el resto del grupo dejará de preocuparse al conocerse las personas que intervendrán.

Desde el inicio del curso debe fomentarse el trabajo en equipo tanto para preparar los temas teórico-metodológicos como para efectuar el trabajo de investigación. De esta forma se mejorará sustancialmente la participación de los alumnos, ya que la discusión en grupos pequeños permite que intervengan todos o la mayoría de sus integrantes en el intercambio de ideas, experiencias, dudas e información. Sin embargo, no debemos pensar que todos participarán de igual forma. Siempre habrá personas que acaparen la atención, ya sea por sus conocimientos e información, porque se consideran genios y quieren sobresalir, o debido a que tienen facilidad para hablar.

A fin de evitar que la mayoría del equipo de trabajo mantenga una actitud pasiva y actúe cómodamente dejando a los que "saben o hablan bien" el desarrollo de la discusión y la presentación de los resultados, el profesor debe señalar con suficiente tiempo los temas a discutir con el objeto de que los miembros de cada grupo se preparen adecuadamente. Esto implica que indaguen por su cuenta (en bibliotecas, hemerotecas, a través de la observación de los fenómenos y mediante la asesoría de otros profesores) a fin de que contribuyan a elevar el nivel de discusión de su equipo de trabajo.

Para motivar a los alumnos a prepararse previamente con el objeto de participar activamente en el equipo respectivo, el profesor debe insistir en que la discusión y la crítica son elementos fundamentales para formarse como investigadores. También debe recalcar en que todos los integrantes del grupo participen en la construcción del conocimiento.

Contrariamente a la forma tradicional del trabajo en equipo, en la que los miembros de éste eligen a un representante del mismo (al que "mejor habla" o "sabe más") para exponer los resultados de la discusión, dentro de esta nueva concepción, la elección deberá hacerse al azar a fin de que todos tengan la misma probabilidad de hablar en las sesiones plenarias. Para ello deben saber sacar notas y elaborar síntesis a fin de rescatar los aspectos más sobresalientes de la discusión. Asimismo, deben mejorar la redacción y prepararse para presentar ante todo el grupo los productos del trabajo del equipo respectivo. Es necesario subrayar que el poder observar con un enfoque crítico, el realizar análisis y síntesis claros y precisos y el saber presentar los resultados de la discusión son elementos esenciales para formarse como investigador.

Con base en la lista de miembros que proporcione cada equipo de trabajo, se elegirá al azar a una persona de cada equipo para que exponga las conclusiones respectivas. Debe evitarse que el resto de los integrantes consideren que su responsabilidad ha terminado. Para ello, el profesor deberá indicarles que una vez que la persona elegida presente los puntos de vista de su equipo se seleccionarán al azar a otros miembros del mismo a fin de que aporten mayores datos para complementar la exposición de su compañero.

La elección de los alumnos que presentarán las conclusiones del equipo respectivo no debe hacerse al mismo tiempo sino conforme le corresponde a cada equipo exponer. Con esto, la mayoría de los alumnos no perderán el interés por la clase como podría suceder si se eligen desde el principio a las personas que expondrán las conclusiones de cada equipo. Conviene también elegir al azar al equipo que le tocará presentar los resultados de su trabajo. De esta forma habrá una doble selección aleatoria: la del equipo que expondrá y la de la persona de dicho equipo que dará a conocer las conclusiones del mismo.

Para que los integrantes de los demás grupos de trabajo presten la atención debida a quien expone, el profesor deberá elegir al azar a algunos miembros de los otros equipos y después dejar que intervengan las personas que quieran hacerlo en forma voluntaria. Si dos o más alumnos desean intervenir, se recomienda conceder primero la palabra a quienes poco lo hacen y controlar adecuadamente la participación de aquellos que intervienen en exceso, ya que de lo contrario el resto del grupo podría sentirse ajeno a la discusión.

Resulta fácil exponer este enfoque del proceso de enseñanza-aprendizaje y estar de acuerdo con él. Pero, mientras el profesor y los alumnos no lo lleven a la práctica será de poca utilidad su presentación. Esta forma de trabajo la hemos empleado en cursos de diversa duración y para alumnos, profesores y profesionistas de diferentes niveles y disciplinas y con grupos de hasta 100 personas. Por ello, podemos decir que cuando los actores del proceso de enseñanza-aprendizaje se encuentran motivados y conscientes de su verdadera responsabilidad, se podrá lograr el éxito deseado.

Para una participación amplia y fructífera el profesor debe tratar de conocer a sus alumnos y, de ser posible, llamarlos por su nombre a fin de establecer una relación más personal. El hecho de que identifique a cada uno de sus alumnos es un factor importante de motivación. Cuando los grupos son numerosos deben buscarse los medios para que la gente participe activamente y se evite la clase tradicional. Sólo si existe un verdadero compromiso del docente y se motiva a los alumnos, la masificación de la enseñanza puede derrotarse a fin de que no limite la elevación de la preparación académica.

En un curso de metodología pueden darse básicamente dos tipos de participación: aquella que muestre que se comprenden los temas expuestos por el maestro y la que permite llevar a la práctica los elementos metodológicos, técnicos e instrumentales adquiridos.

En el primer caso, el profesor puede optar por preguntar al principio, durante o al final de la clase acerca de los temas que se analizaron en las sesiones anteriores o sobre el tema que corresponde a ese día. Es muy recomendable que los estudiantes den sus respuestas apoyándose no sólo en lo que el profesor les enseña, sino que recurran a otras fuentes de información a fin de contar con elementos suficientes para complementar, enriquecer o criticar los comentarios y puntos de vista del profesor.

Solamente cuando el alumno asume un papel activo, crítico y creativo puede superarse y contribuir a su vez a la superación del profesor. Gramsci decía que "la relación entre el maestro y el alumno es una relación activa, recíproca y, por consiguiente, todo maestro es siempre alumno y todo alumno es maestro".

En vista de que el objetivo de cualquier carrera es preparar profesores, investigadores y profesionistas, la mejor forma y el momento más oportuno para avanzar en esa dirección es justamente cuando el alumno, en medio de un clima de confianza y comprensión, es capaz de asumir, aunque sea brevemente el papel del docente. Este debe motivar a sus alumnos para que se atrevan a hablar, no sólo desde sus lugares, sino frente al grupo. El maestro debe indicar a los alumnos que el compañero que se encuentra frente a ellos asume en ese momento el papel de profesor, e insistirá, cuantas veces lo juzgue conveniente, en que se le escuche con atención y se observen las fallas y errores que cometa para que los demás traten de evitarlos cuando les corresponda exponer. Para que el grupo preste mayor atención a la exposición del compañero que funge como profesor, éste debe comentar que el saber escuchar y observar son dos cualidades importantes que precisa poseer todo investigador.

En el segundo tipo de participación, los alumnos deben presentar por equipos de trabajo los avances de su investigación. Es común que una o dos personas del grupo sean las que más hablen y el resto de los miembros participe poco. El profesor debe estar atento para que no se dé este fenómeno. Es conveniente también insistir en que debe leerse lo menos posible para que el equipo se prepare lo suficiente a fin de que exponga sin necesidad de leer los materiales, ya que ello vuelve muchas veces tediosa una exposición, sobre todo cuando no se tienen experiencia y conocimientos didáctico-pedagógicos.

El profesor debe asumir el papel de estudiante y ocupar el lugar de uno de ellos; el equipo dirigirá la clase y el maestro se dedicará a observar la actitud y participación del grupo.

Es común que la persona que expone se dirija al profesor como si el grupo fuese él. Por ello, el docente debe insistir en que el alumno que funge como profesor hable para el grupo y no busque la aprobación del maestro.

Uno de los factores que predisponen a la falta de atención en el aula es exponer en voz baja. Muchos alumnos lo hacen como un mecanismo de protección, ya que temen que sus palabras desencadenen reacciones negativas entre los compañeros. El profesor debe solicitar al alumno que eleve el tono de su voz.

En relación con los exámenes que se realizan durante o al final del curso, la experiencia docente permite demostrar que las pruebas escritas limitan al profesor y al grupo en el conocimiento del nivel de comprensión y manejo de los elementos teórico-metodológicos o técnicos de la materia.

Si el grupo no es muy numeroso (hasta 40 ó 50 personas), el profesor debe elegir el examen oral que, aunque implica más tiempo, permite que el alumno logre una mayor superación. Dicha forma de evaluación no debe ser la tradicional en la que el profesor asume la parte activa haciendo las preguntas y el alumno se dedica a responder al profesor muchas veces lo que considera que éste quiere escuchar.

El examen oral debe permitir no sólo demostrar que se poseen los conocimientos necesarios para acreditar la materia, sino también tener la capacidad para exponerlos en forma clara y precisa. Para ello, el profesor debe señalar con suficientes días de anticipación los temas que abarcará el examen. El alumno deberá recurrir no sólo a la bibliografía y a las notas del profesor, sino buscar en otras fuentes mayor información u otros planteamientos que complementen o enriquezcan lo expuesto durante el curso.

Es recomendable que la preparación de los temas se haga en equipo, de preferencia con el que se trabaja en el proyecto de investigación. El día del examen el profesor elegirá al azar, uno por uno, a los alumnos, quienes a su vez seleccionarán al azar el o los temas que desarrollarán. Es conveniente que lleven sus notas en ficha de trabajo y utilicen una guía que oriente su exposición.

El maestro debe recomendar que se evite leer las fichas, salvo cuando sea indispensable para dar a conocer un concepto, idea o información básicos. Debe insistir en que se utilicen el pizarrón y otras técnicas de enseñanza (rotafolio, por ejemplo), que el alumno se dirija al grupo y que hable con voz lo suficientemente fuerte para que no se cree un campo propicio para el murmullo. El profesor ocupará el lugar del alumno, por lo que la forma como se desarrolle la dinámica de la clase será responsabilidad de quien expone. Los 10 ó 15 minutos que dure la intervención del alumno lo hará como si fuese el maestro. Éste, por otra parte, solicitará previamente al grupo que escuche con atención al compañero que funge como el docente y que los comentarios y críticas se hagan con el debido respeto(partimos de que el grupo ha madurado lo suficiente para que asuma su responsabilidad).

La atención del grupo puede mantenerse en el más alto nivel si el profesor selecciona al azar a dos o tres compañeros para que expresen sus críticas y comentarios o complementen la exposición del compañero. También debe estimular la participación voluntaria de aquellos alumnos que poco intervienen (hay que evitar que se centralice la participación en unas cuantas personas).

El hecho de que el profesor pregunte al azar o acepte intervenciones voluntarias permitirá que todos los miembros del grupo participen en distintos momentos y situaciones.

Las experiencias adquiridas en diversas instituciones nos permiten afirmar que una vez que se ha motivado al grupo y ha madurado su participación, la exposición de los alumnos es altamente satisfactoria. En muchas ocasiones pedirán hablar alumnos que poco participan en clase. En algunos casos, el profesor debe dejar de elegir al azar a los que expondrán a fin de que participen aquellas personas que poco lo hacían y que se han motivado para exponer.

A fin de conocer si el grupo ha madurado lo suficiente para desprenderse de la tutela del maestro, éste debe dejarlo solo para que lleve a cabo la sesión. Para ello debe previamente subrayar que él funge sólo como coordinador, y que en caso de ausencia o retraso de su parte el grupo debe organizarse para no perder la sesión.

Después de dos o tres días de exposición, el profesor puede retrasar deliberadamente su llegada al salón de clases.

Si el grupo ha madurado deberá encontrarse trabajando como si él estuviera presente; si esto sucede, habrá logrado que el grupo en su conjunto asuma la responsabilidad que le corresponde en su preparación profesional.

Los planteamientos anteriores los hemos llevado a la práctica en grupos de diferente nivel y tamaño en la Facultad de Ciencias Políticas y Sociales de la UNAM y en otras instituciones de enseñanza superior del país.

Para terminar, debemos subrayar que la relación profesor-alumno es sumamente compleja. En teoría es fácil formular un modelo del proceso de enseñanza-aprendizaje que contemple la participación activa y crítica de los actores de ese proceso. Sin embargo, no basta estar conscientes de la necesidad de asumir otro enfoque distinto del tradicional. Se requiere que el profesor y los alumnos se comprometan verdaderamente para que el proceso de enseñanza-aprendizaje contribuya a la formación de un nuevo hombre y de un profesional capaz de intervenir en el análisis y solución de los problemas de su campo respectivo.

II. La ideología y su influencia en la construcción del conocimiento objetivo

Cuando iniciamos la lectura de cualquier texto que trata sobre la ideología y la objetividad en ciencias sociales surgen diversas preguntas que aparentemente están ya contestadas y, por lo tanto, pocas personas se atreven a formularlas: ¿qué es el conocimiento objetivo? ¿existe un conocimiento libre de valores? ¿de qué manera la ideología está presente en el análisis de los problemas sociales?

Las cuestiones anteriores adquieren mayor importancia cuando escuchamos a menudo expresiones como: "poseo un conocimiento objetivo sobre tal problema"; "mi análisis es más objetivo que el tuyo"; "tus conclusiones no se apegan a la realidad o existen muchos elementos subjetivos en tus planteamientos".

El problema de la objetividad es mayor en las ciencias sociales en comparación con las ciencias naturales,* ya que el conocimiento está determinado socialmente, es decir, existen intereses de grupos y de instituciones que influyen en el proceso de investigación, lo que da como resultado que las verdades tengan validez dentro de cierto contexto histórico-social.

De este modo, las posiciones político-ideológicas que el investigador asume van a determinar lo que se entiende por conocimiento objetivo. Esto se debe a que la elección de los problemas a investigar, el marco teórico y los conceptos que se utilizan o la

---

* En las ciencias naturales la ideología se encuentra presente básicamente en la selección de los problemas a investigar y en la utilización de los resultados de la ciencia.

31

forma como éstos se definen, así como el tipo de indicadores que se emplean para medir los fenómenos sociales, expresan una concepción o punto de vista sobre la realidad social en el que están presentes los intereses sociales de quienes defienden o representan determinadas posiciones de clase.

Por ello, las verdades que obtiene un investigador sobre determinado problema pueden considerarse por otra persona como un conocimiento poco objetivo si esta última utiliza un marco teórico y conceptos distintos o definidos de diferente manera.

En días pasados enfrentamos fuera de las aulas universitarias el problema de determinar qué conocimiento reconstruía en el pensamiento la realidad concreta en forma más objetiva. Analizar la objetividad en el ámbito universitario resulta relativamente fácil cuando se dispone de suficientes elementos teóricos para elaborar un discurso lo bastante consistente para que los alumnos consideren que el maestro tiene la razón. Sin embargo, los planteamientos académicos no permiten muchas veces comprender con toda claridad la presencia de la ideología en el análisis de los problemas sociales y la forma en que repercute en la construcción del conocimiento. Tampoco permiten que nos percatemos fácilmente de las implicaciones políticas que puede tener para un representante de las instituciones del sistema aceptar un punto de vista diferente del que sustenta la organización e instrumentación de los planes y programas de acción de su dependencia.

Las ideas, representaciones y valores que se tienen acerca de la sociedad —derivadas de la posición de clase y de los intereses sociales que se defienden— determinan la manera como se aprehende la realidad y se construye el conocimiento, así como el significado de la objetividad. Por lo tanto, frente a una misma realidad (frente a la presencia de fenómenos sociales objetivos, es decir, que existen independientemente de nuestra conciencia o voluntad) existen concepciones diferentes de la sociedad que guían el análisis de los problemas y la formulación de las conclusiones, así como las acciones concretas que se emprendan para incidir sobre los mismos. En un ciclo de conferencias* tuve la oportunidad de enfrentarme al problema de la objetividad y sus implicaciones políticas. El tema que exponía era "La problemática de la salud pública en la ciudad de México y sus perspectivas". Como comentarista se encontraba el director general de Salud Pública del Distrito Federal. En nuestra ponencia analizamos la salud-enfermedad como un proceso social, enmarcándolo dentro del contexto del desarrollo del capitalismo dependiente; asimismo, demostramos que las condiciones de trabajo y subsistencia, determinadas por las relaciones sociales imperantes (relaciones capitalistas), configuran las características del cuadro epidemiológico, su frecuencia y gravedad, así como la esperanza de vida de los grupos sociales. Una vez que terminamos de analizar la problemática de salud desde una perspectiva histórico-social, concluimos que *la salud de la población que vive en la ciudad de México se había deteriorado profundamente en los últimos años.*

Tal afirmación fue refutada por el director de Salud Pública, quien señaló al inicio de su comentario que plantearía la otra cara de la moneda, es decir, el otro punto de vista sobre el problema. Una vez que realizó su análisis con base en las estadísticas de morbimortalidad, que mostraban un descenso de los fenómenos de enfermedad y muerte entre la población citadina, concluía que *la salud de los habitantes no se había deteriorado; todo lo contrario: se observaba un mejoramiento sensible en los últimos años.*

A lo anterior respondimos: primero, que los indicadores de morbimortalidad se refieren a fenómenos contrarios a la salud;* segundo, que la población está compuesta por clases sociales,

---

* Coloquio "Ciudad de México, Visión 2000", organizado por el Colegio de Sociólogos de México, la Facultad de Ciencias Políticas y Sociales de la UNAM y el Departamento del Distrito Federal, del 7 al 9 de diciembre de 1983.
* Hasta el momento la salud se mide indirectamente, a través de indicadores de enfermedad y muerte y de los recursos sanitarios disponibles. Esta forma de medir la salud trae consigo diversos problemas teóricos y conceptuales que dificultan una comprensión correcta de la salud-enfermedad como proceso histórico-social.

siendo la clase trabajadora, que constituye la mayoría de la población, la que ha resentido con mayor fuerza la crisis económica lo que se expresa en mayores enfermedades y accidentes y tasas más elevadas de mortalidad; tercero, que existen diversos tipos de padecimientos que conforman la patología urbana (*stress*, neurosis, hipertensión, úlcera, gastritis) y que en su mayoría no se registran debido a las dificultades que tiene la población trabajadora para acudir a los servicios médicos institucionales, o porque se automedica o considera, de acuerdo con su concepción de salud-enfermedad, que tales padecimientos no requieren atención médica profesional.

Asimismo, señalamos la necesidad de definir el concepto de salud para determinar si la salud de la población de la ciudad de México había mejorado o, por el contrario, mostraba un deterioro. Si definimos la salud como la capacidad del hombre para desempeñar actividades productivas o efectuar las tareas cotidianas que cada persona tiene asignadas, lo que en última instancia conduce a reproducir las relaciones sociales dominantes, la salud *ha mejorado* ya que los servicios medicos institucionales (IMSS, ISSSTE, SSA) mantienen sana la fuerza de trabajo para que sea explotada por el capital. De esta forma se controlan las enfermedades, se disminuye la tasa de mortalidad y se eleva la esperanza de vida (tomando en cuenta a la población en general).

Sin embargo, si la salud se define como la capacidad que puede tener el individuo para desarrollar sus potencialidades intelectuales, físicas, artísticas y espirituales, a fin de lograr un mejoramiento en todos los órdenes de la vida, tratando de construir un hombre nuevo, entonces la salud se ha deteriorado. Esta conclusión se hacía con base en el hecho de que la población trabajadora carece del tiempo y de los medios necesarios para dedicarlos al desarrollo de las distintas esferas de su vida. El tiempo libre lo dedica a reproducir o mantener su fuerza de trabajo para que el capital la consuma en los próximos días, meses y años, a cambio de lo cual el trabajador recibe un salario.

III. Manifestaciones de la ideología conservadora en el trabajo de investigación

La ideología conservadora se encuentra presente en todos los planteamientos y acciones concretas de diversos grupos sociales e institucionales que buscan mantener el orden social establecido evitando tensiones o conflictos en el área de influencia de la institución.

A veces la ideología se encuentra de manera implícita en el discurso, concretamente en la justificación del estudio, de la asesoría o del curso que se organiza en determinada institución. En otras ocasiones se hacen explícitas las posiciones político-ideológicas de quien patrocina el evento, como en la justificación que se hizo al "Curso de actualización para el arquitecto promotor en programas de vivienda rural por autoconstrucción" organizado por el Instituto de Acción Urbana e Integración Social y la Facultad de Arquitectura de la Universidad Autónoma del Estado de México, que en uno de los párrafos plantea en forma clara y precisa la posición ideológica que sustentan ambas instituciones en torno a este tema:

> Es necesaria una intervención más decidida de los profesionales en el ramo de la construcción para el diseño y organización de proyectos por autoconstrucción, como una de las alternativas para producir una vivienda barata al alcance del trabajador de bajos ingresos, que por un lado *evite situaciones críticas de tensión social* y sobre todo que constribuya a mejorar, en cierto modo, las condiciones de vida de éstos.*

* Cursivas nuestras.

35

En este párrafo se expone la forma de enfrentar el problema de la carencia de vivienda, de acuerdo con una determinada concepción de la realidad que considera la necesidad de mantener el orden social prevaleciente.

Para lograr esto busca resolver, en la medida de lo posible, los problemas o situaciones conflictivas que tiene la población a fin de que disminuyan las tensiones sociales. Es una ideología conservadora propia de la corriente funcionalista que trata de mantener el funcionamiento de las diversas instituciones de la sociedad y evitar que se atente contra los intereses dominantes.

En otro curso-taller sobre metodología de la investigación que impartimos a los Centros de Estudios Tecnológicos Industriales y de Servicios de la Secretaría de Educación Pública, que se efectuó del 26 al 30 de junio de 1989 en la Ciudad de México, un equipo de trabajo cuyo tema de investigación era: "La ausencia de trabajo social en la industria privada" planteó en la justificación del estudio la concepción funcionalista de la realidad social en la que se encuentra presente la ideología conservadora: "Se pretende conocer por qué existiendo el campo industrial en trabajo social no se ha incursionado en él, sabiendo que dentro del marco laboral, la productividad es el interés común de toda industria, y para que los obreros tengan un núcleo familiar estable y buena relación empresarial es función de la trabajadora social mantener, coordinar y relacionar los intereses de la empresa con los de los obreros. Esto ayudará a lograr la máxima producción que coadyuve al desarrollo tecnológico del país". Sobran comentarios.

IV. Discordancia entre formación académica y exigencias del medio profesional

En el apartado "Problema y sugerencias en la enseñanza-aprendizaje de la metodología" señalamos las dificultades que enfrentan los egresados durante la práctica profesional como resultado de las discordancias entre el discurso académico y los requerimientos de las instituciones y dependencias en las que trabajan. Estas discordancias se manifiestan quizás con mayor fuerza en el campo de la investigación, ya que aun cuando en muchas carreras se imparten talleres de investigación, éstos se realizan sin considerar muchas veces las características y necesidades del medio profesional.

Alumnos de la maestría en Medicina Social de la Universidad Autónoma Metropolitana, Unidad Xochimilco,* me relataban un fenómeno que es común en instituciones de enseñanza superior. Se referían, concretamente, a que el discurso académico debidamente sustentado podría ser muy brillante y convencer al más escéptico. Ellos estaban de acuerdo con diversos planteamientos expuestos por sus profesores, por ejemplo, "acabar con el mundo de la pseudoconcreción" a fin de descubrir la esencia de los procesos de la realidad objetiva. Pero, una vez que acabamos con el mundo fenoménico que representa el aspecto externo e inmediato de los procesos sociales, ¿qué hacer después? inquirían a los profesores. En otras palabras, ¿cómo utilizar los cono-

* Curso de Metodología de la investigación impartido del 6 al 20 de abril de 1984.

37

cimientos adquiridos para llevar a cabo una práctica social a fin de resolver los problemas objeto de estudio?

Esta inquietud es común observarla en estudiantes y egresados de diversas carreras que no encuentran siempre respuesta adecuada por parte de los profesores para vincular los planteamientos académicos con la realidad concreta.

En el caso de los compañeros de la maestría en medicina social, el profesor, que enfatizaba la necesidad de terminar con el mundo de la pseudoconcreción, con el objeto de explicar científicamente la realidad, respondió que aquello a lo que los alumnos se referían (la práctica social) "era otra cosa", razón por la cual no tenía porque referirse a ella.

La situación anterior repercute indudablemente en la práctica profesional, ya que los egresados enfrentan muchas veces grandes dificultades para utilizar los conocimientos adquiridos en el aula en la realización de análisis concretos. Los egresados tienen que traducir los elementos teóricometodológicos obtenidos durante la carrera a fin de aplicarlos en una investigación particular. En otras ocasiones desconocen la forma de enfrentar con éxito los requerimientos de las instituciones en el campo de la investigación y pretenden aplicar mecánicamente las enseñanzas sobre metodología sin tomar en cuenta el contexto institucional.

En una reunión con profesores y alumnos efectuada el 5 de enero de 1984 en la Escuela de Trabajo Social No. 51 de la SEP, a la que fui invitado para exponer mis puntos de vista sobre la metodología en trabajo social, la subdirectora del plantel nos relató el caso de una egresada sobresaliente que bien puede servir para mostrar el fenómeno de la discordancia entre la preparación académica y las exigencias del medio profesional.

La trabajadora social laboraba en una institución del sector público y cierto día su jefe le solicitó que llevase a cabo una encuesta para obtener información sobre un problema específico que estaba afectando los programas de desarrollo de la comunidad que dicha institución tenía encomendados.

38

A esta petición la compañera contestó que para realizar la encuesta era necesario: primero, plantear el problema de investigación con base en los elementos teóricos y la información empírica disponible; segundo, elaborar el marco teórico y conceptual de referencia a fin de sustentar el problema y las hipótesis; tercero, precisar los objetivos de la investigación; cuarto, formular adecuadamente las hipótesis; quinto, operacionalizar las variables para obtener indicadores a partir de los cuales se podría diseñar la encuesta que solicitaba el directivo de la dependencia.

En vista de que el funcionario requería con urgencia la información empírica a fin de proceder a resolver el problema que afectaba su dependencia, le dio las gracias a la compañera de trabajo social señalándole que él elaboraría la encuesta y dirigiría su aplicación.

Lo anterior permite ilustrar un hecho frecuente: muchos egresados no estamos preparados para enfrentar los problemas concretos que se nos plantean en el medio profesional. Nuestra formación académica sufre en ese momento un fuerte desquiciamiento y tenemos que comenzar entonces a aprender a investigar. La práctica profesional se impone y la preparación académica tiene que ajustarse a las necesidades y exigencias del lugar de trabajo.

V. Enseñanza y aplicación de la metodología. Sus condicionantes sociales

Cualquier profesor, investigador o estudiante estaría de acuerdo en que la enseñanza y aplicación de la metodología se encuentra condicionada por las características y exigencias de la institución en particular y del medio social en general. Podría afirmarse, entonces, que el proceso de investigación se encuentra históricamente determinado por situaciones sociales coyunturales y estructurales. A partir de este planteamiento podría elaborarse un consistente discurso académico que permitiera demostrar la forma como los requerimientos institucionales y las posiciones políticoideológicas prevalecientes influyen en el enfoque y el alcance de la investigación científica.

Empero, una cosa es formular en teoría la relación entre el quehacer científico y el contexto social y otra bien distinta es enfrentar las exigencias institucionales concretas cuando asesoramos trabajos de investigación.

El 23 de febrero de 1984 me enfrenté —por coincidencia— a una situación diametralmente opuesta, en cuanto a la forma de enseñar y aplicar la metodología, en dos instituciones que trabajan sobre problemas similares pero cuyos objetivos son diferentes, una es académica y la otra de índole aplicativa.

Del 13 al 17 de febrero había impartido un curso sobre metodología de la investigación a profesores de la Unidad Profesional Interdisciplinaria de Ingeniería y Ciencias Sociales y Administrativas (UPIICSA) del IPN. En dicha Unidad se impartían las carreras de ingeniería de transportes e informática, entre otras. Los profesores pertenecían en su mayoría al área técnica (ingenieros, analistas de sistemas, etc.). A pesar de lo cual se aceptó nuestra propuesta de analizar el problema de la metodología desde dos perspectivas teóricas: el funcionalismo y el materialismo histórico, a partir de las cuales se llevarían a cabo los trabajos de investigación de los participantes. El curso buscaba, además, demostrar que la labor científica en áreas técnicas se encuentra influida por las relaciones sociales dominantes, ya que cuestiones como: la organización de los procesos productivos, los problemas de operación del transporte y de generación de información, entre otros, están determinados por los intereses de grupos dominantes (en las diversas instituciones y a nivel de la sociedad en su conjunto).

De aquí que tanto las características como la aplicación y utilización de la tecnología son un problema eminentemente social.

Por lo tanto, realizar una investigación sobre problemas de carácter técnico implica ubicarlos en una determinada perspectiva teórica en la que se plantea el problema, se formulan las hipótesis, se eligen las técnicas de recolección de datos y, se orienta la búsqueda de la información y el análisis de la misma así como la utilización de los resultados de la investigación.

Por ello, pretender aplicar en forma "neutral" las reglas y procedimientos de la metodología científica, para llevar a cabo una investigación, conduce necesariamente a adoptar el punto de vista del positivismo y sus variantes (el funcionalismo y el conductismo) que buscan, por ejemplo, mejorar la organización de la producción, facilitar el funcionamiento de los sistemas de transporte y de comunicación para ayudar a reproducir las relaciones sociales dominantes.

En el ambiente académico de la UPIICSA del IPN no hubo limitación alguna para presentar, a los profesores de carreras como informática e ingeniería de transportes, otra perspectiva de investigación diferente a la que prevalece en esa Unidad. No hubo objeciones para que se expusiera la concepción del materialismo histórico y se comparara con la del funcionalismo a fin de presentar los alcances de ambas corrientes teóricas en el proceso de conocimiento de problemas específicos.

En vista de que las autoridades y los profesores participantes consideraron que el curso fue útil para orientar los trabajos de investigación de la UPIICSA, se nos ofreció una comida el día 29 de febrero. Un día antes, un alto funcionario de la Dirección General de Desarrollo Tecnológico de la SCT me había invitado a desayunar, ya que tenía una serie de consideraciones que hacerme sobre la forma en que debería enfocar el curso que impartiría del 5 al 9 de marzo de 1984 a investigadores de esa Dirección (cuyos problemas objeto de interés son similares a los que estudian los profesores y estudiantes de la UPIICSA).

Acepté la invitación a desayunar para el mismo día previsto para la comida con los profesores de UPIICSA.

En dicha reunión el directivo de la Secretaría de Comunicaciones y Transportes mostró sus inquietudes y temores, pues habíamos solicitado a los investigadores que participarían en el curso que leyeran entre otros el libro *Métodos para la investigación social. Una proposición dialéctica*, a fin de que sirviera como lectura introductoria al curso ya que en dicho trabajo exponemos el enfoque dialéctico de la investigación.

El funcionario me comentó que estaba de acuerdo con casi todos los planteamientos metodológicos que hacíamos en la obra, pero recomendaba que el próximo curso a impartir quedara exento del enfoque marxista o de otra corriente teórica; de lo contrario, comentó inquieto, podría "costarme el puesto si el subsecretario tenía conocimiento de que estaba promoviendo un curso con un enfoque diferente al que se maneja en la institución".

Por lo tanto, me pidió de la mejor manera evitar —en la medida de lo posible— que las exposiciones enfocaran la investigación considerando el contexto social, económico y político, y

43

que tratara de definir los conceptos manejados en la metodología científica sin apegarme a determinada corriente teórica.

En un principio decidí renunciar a impartir un curso bajo tales condiciones; sin embargo, pensé que: como científicos sociales tenemos que enfrentar esos condicionantes institucionales y que debemos conocer objetivamente, a fin de criticar con suficientes bases, la forma como elaboran y llevan a la práctica los proyectos de investigación. Solicité al directivo que me indicase qué tipo de problemas se analizaban en la dependencia en que impartiría el curso, a fin de adecuarlo a la problemática objeto de interés de la institución. Los problemas que en ese momento se analizaban eran, entre otros, la capacitación tecnológica del personal y la sustitución de las importaciones de partes industriales relacionadas con las áreas de transporte y comunicación.

Tales temas de investigación, comenté al funcionario, no pueden manejarse ignorando la problemática que vive el país y que, de una u otra forma, influye en el tipo de capacitación tecnológica que se pretenda proporcionar y en las posibilidades reales para sustituir importaciones. La determinación del medio social sobre la manera de enfocar el análisis y solución de los problemas no podría evitarse durante el curso ya que, como después se comprobó, los investigadores tuvieron necesidad de referirse a la problemática económicosocial para ubicar sus problemas de investigación.

Con lo anterior se demuestra que la investigación está condicionada por las situaciones sociales y los marcos institucionales en que se realiza, los cuales determinan el alcance de los proyectos de investigación, la forma de abordar el objeto de estudio, de orientar el análisis y de utilizar los resultados del quehacer científico.

VI. Conocimiento empírico espontáneo y conocimiento científico

Los viajes ilustran, dice un refrán popular, y yo agregaría que también las personas con quienes se viaja, sin que tengan necesariamente que ser especialistas en alguna disciplina. Esto me sucede con frecuencia cuando prefiero dejar la comodidad del automóvil y enfrentarme con los problemas cotidianos de quienes utilizan el transporte colectivo o recurren a un taxi para trasladarse dentro de la ciudad de México. En cierta ocasión tuve oportunidad de comprender mejor lo que decía Gramsci de que

> Todos los hombres son "filósofos"... aunque sea a su manera, inconscientemente, porque en la más mínima manifestación de una actividad intelectual cualquiera, el "lenguaje", se contiene ya una determinada concepción del mundo.[1]

Al platicar con un compañero taxista sobre los problemas de nuestra ciudad, concretamente el del tránsito que enfrentábamos en ese momento, el conductor del vehículo me planteaba en términos sencillos la concepción del hombre común sobre la realidad que enfrenta diariamente. Me decía:

> Los hombres de ciencia ven los problemas de la ciudad desde un punto de vista muy diferente al nuestro, que los vemos desde el punto de

---

[1] A. Gramsci, *Introducción a la filosofía de la praxis*, p. 1, Edit. Península, Barcelona, 1972.

vista práctico, no teórico, ya que sólo nos interesa lo que observamos o palpamos directamente.

Sus palabras me hicieron reflexionar sobre planteamientos que formulamos en el aula universitaria cuando impartimos la materia de metodología: según sea la concepción de la sociedad y de los procesos sociales, será la forma como se proceda a investigar la realidad y a orientar, en consecuencia, nuestra práctica social. Así, el taxista exponía en forma clara y sencilla el conocimiento y aspiraciones del hombre de la calle y el conocimiento y expectativas del científico social.

En ese momento vino a mi mente la gran diferencia que existe entre enfrentar cotidianamente los problemas sociales (transporte deficiente, desnutrición, delincuencia, desempleo, etc.) y el hecho de convertir dichos problemas en problemas de investigación social. Cualquier individuo puede darse cuenta de la existencia de diversos problemas que enfrenta una sociedad o grupo específico; pero, para que se consideren como objetos de investigación social se requiere que exista una persona o conjunto de personas preparadas en el campo de la ciencia para que, con base en el manejo de la teoría, la metodología y las técnicas, planteen científicamente un problema social.

La actividad teórico-práctica del científico permitirá estudiar con mayor objetividad y precisión los diversos problemas a fin de mejorar e incrementar el conocimiento científico y obtener elementos de juicio para actuar sobre el problema.

Podemos concluir que para comprender mejor la importancia y trascendencia del conocimiento científico debemos convivir con aquellos grupos que requieren de una explicación y comprensión más profunda de sus problemas, a fin de que puedan transformar conscientemente su realidad.

VII. La investigación científica, ¿esquema rígido o proceso dialéctico?

Es frecuente encontrar en estudiantes y egresados de diversas disciplinas la idea de que llevar a cabo una investigación implica seguir esquemas en los que se presentan en forma rígida las distintas "etapas" que deben seguirse, para que al término de la misma se obtengan conocimientos científicos. Se considera que la investigación es un conjunto de pasos ligados mecánicamente, que deben cubrirse al pie de la letra a fin de evitar desviarse del camino de investigación.

Pensar y actuar de esta manera conduce a un trabajo cuyos resultados son, por lo general, bastante limitados para alcanzar un conocimiento objetivo y preciso del problema que se estudia.

Sin embargo, la concepción rígida de la investigación todavía prevalece, ya que se considera que un modelo de investigación puede utilizarse para estudiar diversos fenómenos. Se olvida que un mismo problema puede abordarse desde perspectivas diferentes y la forma cómo se investiga dependerá de situaciones tanto objetivas como subjetivas que influyen en el trabajo científico.

La metodología de investigación es un producto del desarrollo del conocimiento científico y se encuentra condicionada socialmente; es decir, la forma de aplicarla dependerá de las características del objeto de estudio así como de la realidad concreta en que labora el investigador.

No obstante que se reconoce que la metodología no puede verse de manera lineal o mecánica, pues la realidad que se investiga es dialéctica, los profesores de metodología encontramos resistencia de parte de muchos alumnos para aceptar que la investigación es un proceso dialéctico. Priva todavía la idea de que es necesario contar con una guía segura, capaz de proporcionar al conocimiento científico si se siguen estrictamente los pasos marcados en ella, ésta recibe también el nombre de diseño de investigación.

Por ejemplo, al exponer en un curso para profesores* la concepción dialéctica de la investigación, varios de ellos comentaron que dicho enfoque era el verdadero, el más acertado; pero, hicieron notar —de acuerdo con su experiencia docente— que los alumnos solicitaban una guía en la que se especificasen los diversos pasos para poder realizar su investigación: "¿qué hacer entonces?" preguntaron.

Esta forma de concebir la investigación —como un esquema rígido— puede eliminarse no sólo con exposiciones magistrales a cerca de la concepción dialéctica de la investigación. Sin duda, el medio más adecuado para lograrlo es hacer que los mismos alumnos experimenten directamente la necesidad de superar los lineamientos simplistas o mecánicos sobre el trabajo científico. Para ello se necesita que los profesores motiven a los estudiantes para que se involucren en un proceso concreto de investigación. De esta manera podrán darse cuenta de que, por ejemplo, la formulación del problema, los objetivos y las hipótesis, así como la estructuración del marco teórico y conceptual, son procesos que se desarrollan en forma prácticamente simultánea. Es decir, existe un ir y venir de un proceso a otro, lo que permite superar los planteamientos iniciales.

Por ejemplo, al estar formulando el problema de investigación, se afinan los objetivos y se obtiene información para construir el marco teórico y establecer las hipótesis. A medida que se avanza en el proceso de investigación, pueden surgir situaciones

* Curso de Metodología de la Investigación impartido a profesores de la Unidad Profesional Interdisciplinaria de Ingeniería y Ciencias Sociales y Administrativas (UPIICSA) del IPN, del 13 al 17 de febrero de 1984.

imprevistas que alteren su curso. Recuérdese que en la investigación no existen verdades definitivas o caminos trazados de antemano con todos sus detalles, ya que los fenómenos o procesos en el mundo social o natural no se encuentran definidos de una vez y para siempre. Solamente si se inicia una investigación y se la lleva hasta su término, los alumnos podrán darse cuenta que el trabajo científico discurre por una senda dialéctica en donde la metodología puede servir de guía pero la forma específica de realizar el trabajo (es decir, la aplicación de los diversos métodos y técnicas de investigación) dependerá de cada situación concreta.

Lo anterior permite responder a una inquietud que observamos entre estudiantes de diversas carreras que no saben en qué orden deben presentarse o desarrollarse las primeras "etapas" de la investigación. Entre las dudas que se tienen está la de si el planteamiento del problema va antes o después del marco teórico y conceptual.

Para contestar a esta cuestión es necesario recordar que es diferente el método de investigación del método de exposición, y que cuando se lleva a cabo una investigación pueden efectuarse simultáneamente ambas "etapas" debido a que el planteamiento de un problema se realiza con base en conceptos que se derivan de un marco teórico.

El investigador puede manejar una teoría para formular su problema aunque ésta no se haya plasmado en un papel. El proceso de plantear un problema puede obligar al científico a revisar su marco teórico a fin de ajustarlo a la realidad concreta. Se observa, por lo tanto, una retroalimentación permanente en el proceso de investigación, sobre todo en las primeras "etapas" que pueden considerarse el andamiaje sobre el cual descansarán las demás fases de la investigación.

Sin embargo, la exposición del trabajo científico exige que exista un orden en la presentación de las diferentes fases de la investigación. Por esta razón el lector puede observar que en un trabajo de investigación, v. g. una tesis profesional, primero se presenta el problema, luego el marco teórico y conceptual, y en seguida el cuerpo de hipótesis. La justificación —por lo general— se encuentra antes del planteamiento del problema y los objetivos se ubican después de dicha justificación o entre el marco teórico y conceptual y las hipótesis. En otras ocasiones, en la *introducción* se presenta el problema y la justificación, y también se exponen los objetivos de investigación, o bien en el capítulo correspondiente al marco teórico y conceptual se presentan explícita o implícitamente las hipótesis derivadas de dicho marco.

Por lo tanto, la redacción de un trabajo de investigación puede ser diferente si se utiliza para elaborar una tesis profesional o sirve de base para publicar un artículo o libro en el que se exponga una investigación. El método de exposición debe permitir mostrar en forma clara y precisa el contenido del trabajo, es decir, que se comprenda la manera cómo se abordó el objeto de estudio y se llegó a los resultados alcanzados.

La exposición debe ser capaz de mostrar tanto el proceso de investigación como su producto, es decir, el conocimiento científico.

Por último, es importante señalar que el proceso de investigación está compuesto por una serie de procesos específicos (el proceso de: delimitar el tema, plantear el problema, formular los objetivos, etc.) por lo que es necesario cambiar el concepto "etapa" por el de *proceso específico* ya que este último término permite reflejar más objetivamente lo que es el proceso de investigación: un conjunto de procesos específicos. Con esto tratamos de dar a entender que la investigación es un proceso dialéctico en donde se pasa de un proceso específico a otro y pueden realizarse de manera simultánea dos o más procesos, por ejemplo, al estar formulando el problema podemos precisar los objetivos de la investigación y a la vez iniciar la elaboración de las hipótesis, aunque éstas sean en un principio rudimentarias. Asimismo, podemos llevar a cabo simultáneamente la construcción del marco teórico y conceptual. A medida que se avanza en el proceso de investigación se profundiza en el desarrollo de los procesos específicos. Por ejemplo, al mejorar la sustentación teórica y empírica del problema se superan las elaboraciones iniciales de las hipótesis.

El concepto "etapa" —al mostrar una concepción rígida de la investigación— no permite concebir el proceso de investigación como un proceso dialéctico, tal como se presenta en la práctica concreta. De ahí nuestra propuesta de cambiar el concepto "etapa" por el de *proceso específico*.

VIII. Consideraciones sobre el método científico

En un curso para investigadores del área de biología, que impartimos en julio de 1983 en la Universidad Autónoma de Morelos, hicimos una pregunta que pocos se atreven a formular por considerar que estamos pisando el terreno de lo obvio, ya que se piensa que es una cuestión resuelta o un tema que no amerita mayor discusión. Este tipo de preguntas se encuentra presente en muchas personas que asisten a cursos o conferencias sobre el método y la investigación científica. Dicha cuestión puede plantearse en forma muy precisa pero su respuesta no ha sido fácil de dar, ni mucho menos obtener un consenso, aun entre especialistas de una misma disciplina, sobre todo en el ámbito de las ciencias sociales. Inquirí a los asistentes sobre ¿qué es el método científico? pensando que podría ser objeto de crítica, al iniciar un curso para investigadores con un tema que se da por conocido.

Las definiciones que proporcionaron coincidieron con las que leemos en diversos manuales de metodología: "es un conjunto de lineamientos, reglas, pasos, etc., que guían el proceso de investigación a fin de obtener conocimientos objetivos de la realidad concreta". Entre los biólogos que respondieron, sólo uno mencionó algunos elementos del método científico: las hipótesis, la observación y el experimento. Pero la cuestión no quedó ahí ya que en la ciencia no basta definir los conceptos sino que es necesario aplicar las definiciones en el desarrollo del quehacer científico. Formulé entonces otra pregunta ya que todos los participantes trabajaban en la universidad en proyectos específicos de investigación: ¿podrían afirmar si en sus investigaciones están aplicando el método científico? Ninguno se atrevió a responder afirmativamente, no obstante que eran egresados de una rama de las llamadas ciencias naturales en las que el trabajo científico se ha consolidado desde hace mucho tiempo.

Lo anterior demuestra la necesidad de reflexionar en torno al método científico y su aplicación concreta, a fin de superar las dudas que tenemos sobre la investigación científica. Sin embargo, son pocos los estudiosos que se atreven a iniciar una reflexión profunda sobre sus alcances, implicaciones y limitaciones en el proceso de investigación. Esta inquietud la exponen autores como Arturo Rosenblueth, quien en su libro *El método científico* señala en la primera página:

> La mayoría de las personas que se dedican a la investigación científica y que contribuyen al desarrollo y progreso de la disciplina que cultivan, no podrían formular con precisión su concepto de lo que es ciencia ni fijar los propósitos que persiguen, ni detallar los métodos que emplean en sus estudios, ni justificar estos métodos.

El mayor problema en la comprensión y aplicación del método se presenta sin lugar a dudas en las ciencias sociales. Esto se debe a que el conocimiento de la realidad social está condicionado por posturas ideológico-políticas que responden a determinadas posiciones de clase. La sociedad está dividida en clases que tienen intereses antagónicos y, por ello algunos grupos buscan encubrir la realidad para mantener el estado de cosas reinante (clases o grupos que detentan el poder económico y político). Otros, en cambio, tratan de conocer las relaciones y características esenciales de los fenómenos, su origen y desarrollo, para efectuar transformaciones a fin de satisfacer los intereses históricos de las clases trabajadoras. Esta situación no se presenta tan simple ya que muchas personas que sustentan la ideología del proletariado se ven en la necesidad de trabajar en instituciones cuyos marcos político-ideológicos orientan la investigación hacia el análisis de

54

los problemas con el objeto de resolver conflictos, facilitar el funcionamiento de la institución, legitimar los actos gubernamentales, etc.

Algunos elementos sobre la teoría y metodología de dos grandes corrientes sociológicas que interpretan la realidad social de diferente manera: el marxismo y el funcionalismo, los hemos expuesto en otros libros. Sus planteamientos teóricos y sus contenidos ideológicos buscan, implícita o explícitamente, en el caso del primero la transformación de la sociedad capitalista y en el segundo, su preservación.

Podemos afirmar que según sea la concepción de la realidad (teoría), será la forma en que se realice el proceso de conocimiento de los problemas y fenómenos concretos (método).

Podría pensarse que al interior de estas dos corrientes se ha mantenido una posición unívoca, en cuanto al método y a la investigación científica, según la concepción que tienen de la realidad social. También, que entre ellas no hay puntos de unión o coincidencia en cuanto a la forma de llevar a cabo una investigación científica.

En el caso del marxismo, la cuestión del método así como otros aspectos relacionados con el proceso del conocimiento (como el de la objetividad), ha representado no sólo diferencias sino posiciones opuestas entre los seguidores o simpatizadores de esta corriente. A continuación presentamos los planteamientos de tres destacados autores para mostrar las divergencias sobre la importancia de la dialéctica o el método dialéctico en el proceso de conocimiento de la realidad.

Gorski y Tavants[2] señalan lo siguiente:

> El materialismo dialéctico incluye la lógica dialéctica o ciencia de las leyes más generales del desarrollo del conocimiento, ciencia del método dialéctico, único método científico del conocimiento. La aplicación del método dialéctico es lo que determina, en cada etapa del desarrollo de la ciencia, que la realidad quede reflejada en mayor o

---

[2] Gorski, Tavants, *Lógica*, p. 15, Edit. Grijalbo, México, 1968.

menor grado y puedan resolverse las contradicciones que surgen en la marcha de la ciencia y de la vida social. La aplicación de este método condiciona y determina la previsión científica.

John D. Bernal[3] dice que:

El materialismo dialéctico no es un sustituto al rigor del método científico, sino que entra en la ciencia para señalar el camino hacia lo que ha de descubrirse y para proporcionar los medios de hacer efectivos tales descubrimientos. En otras palabras, el materialismo dialéctico tiene que ver más con la estrategia que con la táctica del trabajo científico. Esto no quiere decir que no tenga nada que ver con el trabajo científico detallado, sino que su influencia en ese aspecto es indirecta.

Finalmente, Lucio Colleti[4] en su trabajo *El problema de la dialéctica* (p. 45) expone:

No se hace ciencia con la dialéctica. El marxismo carece de un concepto riguroso de ciencia... entre mis escasísimas convicciones, hay una a la que considero sólida como una roca: no se hace ciencia con la dialéctica. No existen ciencias dialécticas.

Los planteamientos anteriores nos obligan a reflexionar sobre la cuestión del método científico y su aplicación concreta. En el próximo apartado se exponen algunas recomendaciones metodológicas y reglas específicas para efectuar una investigación científica; tales señalamientos están sujetos a discusión, sin embargo, pueden servir de base para iniciar el análisis sobre el método científico aplicado a las ciencias sociales.

3 John D. Bernal, *Libertad y necesidad*, p. 311, Editorial Ayuso, 1975.
4 Lucio Colletti, "El problema de la dialéctica" en *La crisis del marxismo*, p. 45, Universidad Autónoma de Puebla, 1979.

IX. Elementos básicos del método científico

Es común escuchar en clases o conferencias que el método científico se compone de principios, reglas y procedimientos que orientan la investigación a fin de alcanzar un conocimiento objetivo de los procesos y fenómenos concretos. Sin embargo, pocas veces se formulan sus elementos de tal forma que permitan comprender mejor la manera de llevarse a cabo el trabajo científico, pues se considera algo ampliamente conocido que no requiere explicitarse.

El método científico guía el desarrollo de las investigaciones específicas, las que a su vez permiten enriquecerlo en un permanente proceso de superación del conocimiento.

Para comprender mejor su función es necesario desglosarlo en sus componentes básicos con el objeto de aplicarlo correctamente en una investigación particular. Debemos señalar que los elementos del método científico, sin ser rígidos, tienen que seguirse en términos generales cuando se efectúa una investigación, de lo contrario se dificultaría la obtención del conocimiento científico. Por lo tanto, los lineamientos y recursos básicos del método científico se recuperan cuando se realiza una investigación particular.

Importa destacar que, contrariamente a lo que muchos piensan, el método científico se compone tanto de formulaciones y procedimientos generales como de técnicas e instrumentos precisos que permiten la realización de los diferentes procesos específicos de la investigación.

La exposición de los elementos y pasos del método científico no debe conducirnos a pensar que la investigación sigue esquemas o líneas de trabajo definidas de antemano en todos sus detalles; su presentación se debe más bien a la solicitud que nos han hecho estudiantes y profesores de diversas instituciones en las que hemos impartido cursos,* quienes buscan elementos concretos para proceder a realizar una investigación sobre un problema concreto.

Hecha la aclaración anterior, exponemos a continuación los principales elementos que rigen el proceso de la investigación científica:

1. Ubicar la investigación de los procesos y fenómenos concretos dentro de una perspectiva teórica que comprenda el desarrollo histórico de la sociedad de que se trate, con el objeto de explicar el origen, el desenvolvimiento y las formas que adquieren los problemas que se estudian.
2. Delimitar el tema de investigación con base en la información teórica y empírica disponible. Esto implica cercenar la realidad en el pensamiento por medio del recurso de la abstracción, lo que nos permitirá determinar en qué parte de los procesos o fenómenos centraremos nuestra atención para su estudio intensivo.

Lo anterior supone contar con un conocimiento amplio del tema objeto de estudio, el cual se consigue a través de la:

investigación documental (análisis bibliográfico y hemerográfico y de documentos públicos y privados que traten sobre el tema.

investigación de campo (acercamiento a la realidad con-

* Esta inquietud la hemos observado en diversas universidades e instituciones de enseñanza superior, por ejemplo: la ENEP-Acatlán de la UNAM, la UPIICSA del IPN, el Instituto Superior de Ciencias de la Educación del Edo. de México, entre otras.

creta por medio de la observación directa, la entrevista u otras técnicas.

3. Fundamentar las investigaciones concretas en un cuerpo de teoría específico que permita la comprensión y explicación de la estructura y el desarrollo de los procesos y fenómenos que se estudian.

   destacar los elementos, aspectos y relaciones de los procesos y fenómenos que la teoría considera relevantes para descubrir las leyes que los rigen y conocer sus diversas manifestaciones en el transcurso del tiempo.

4. Construir el objeto de estudio vinculando, en forma dialéctica, las formulaciones teóricas y los datos que proporciona la realidad empírica. Se pretende con esto pasar de lo abstracto a lo concreto a fin de observar el objeto de investigación en la totalidad de sus determinaciones y relaciones esenciales. Esto evitará observar el objeto en forma aislada, o analizarlo unilateral o fragmentariamente.

5. Formular el problema de investigación dentro del marco teórico y conceptual elegido de antemano a fin de fundamentar adecuadamente el problema. La elaboración del problema —su estructura y nivel de profundidad— dependerá del marco teórico utilizado. Asimismo, la búsqueda de respuestas a los problemas planteados (hipótesis) se hará con base en el marco teórico elegido para realizar la investigación. Recuérdese que pueden haber diversos puntos de vista sobre un mismo problema social los cuales orientarán la apropiación teórica de la realidad concreta. En otros términos, existen muchas formas de abordar un mismo objeto de estudio, según sean las concepciones que se tengan sobre la realidad en general y el problema que se estudia en particular.

6. Reducir el problema a términos concretos, es decir, tradu-

cirlo a elementos operativos que faciliten el desarrollo de los subsecuentes procesos específicos de la investigación.

- Expresarlo con precisión y claridad.
- Formular preguntas concretas que centren el problema a fin de proceder a su estudio intensivo.
- Si el problema es complejo es necesario desglosarlo, a través del análisis, en problemas específicos y ordenarlos según su prioridad lógica o grado de dificultad. El análisis del material disponible permitirá concretar los problemas particulares.

7. Formular objetivos claros y precisos que orienten el proceso de investigación. Los objetivos son el marco que sirve de base para la toma de decisiones, ya que a partir de ellos se decidirá la forma de desarrollar los diversos procesos específicos de la investigación, así como la utilización o no de determinados procedimientos e instrumentos de recolección y análisis de la información.

8. Definir rigurosamente los conceptos utilizados en el planteamiento del problema y en la formulación de las hipótesis, de acuerdo con el marco teórico que se utilice para efectuar la investigación. La definición de los términos permitirá guiar el proceso de conocimiento del mundo objetivo. Por ello, los conceptos, al igual que las hipótesis, leyes y teorías, son instrumentos metodológicos ya que nos señalan los aspectos y relaciones de los procesos y objetos que deben abstraerse para su estudio intensivo.

Los conceptos pueden definirse durante la exposición de los elementos teóricos a fin de comprender mejor el significado de las distintas partes de la teoría que se elige para sustentar el problema y las hipótesis. También la definición puede realizarse a pie de página o al final del apartado en que se expone el marco teórico y conceptual.

9. Formular hipótesis debidamente fundamentadas en los

marcos de la ciencia, a fin de que las respuestas o explicaciones al problema o problemas de investigación tengan mayor sustentación científica. En la medida en que las hipótesis se fundamenten adecuadamente con los elementos teóricos y empíricos disponibles habrá mayores posibilidades de que las hipótesis se comprueben en los términos planteados o que los ajustes sean menores.

- Las hipótesis deben plantearse en términos claros y precisos.
- Los conceptos de las hipótesis deben contar con referentes empíricos.
- Las hipótesis deben referirse a un ámbito temporoespacial específico a fin de poder corroborarlas empíricamente.
- Las hipótesis deben formularse en términos afirmativos.

10. Operacionalizar las variables (conceptos) de las hipótesis para derivar indicadores o referentes empíricos. Se pretende obtener expresiones concretas de la realidad (indicadores) para observar y/o medir en forma objetiva y precisa los fenómenos que se estudian.

11. Elaborar instrumentos de recolección de datos adecuados y precisos, a fin de obtener información empírica objetiva que sirva para la comprobación de las hipótesis.

12. Determinar los procedimientos para la prueba de las hipótesis. Dichos procedimientos variarán según sea la complejidad de las hipótesis.

13. Analizar la información empírica con base en los planteamientos expuestos en el marco teórico y conceptual.

14. A partir de observaciones en casos concretos (muestra), buscar establecer generalizaciones para toda la población considerando los supuestos y limitaciones de la investigación en general y de la muestra en particular.

15. Formular conclusiones que sean concordantes con los planteamientos teóricos y metodológicos de la investigación así como con los hallazgos y resultados de la misma.

Los planteamientos anteriores pueden ajustarse según sean los requerimientos de cada investigación: sus objetivos y el nivel de análisis previsto. Asimismo, en la aplicación de estas formulaciones están presentes las necesidades institucionales y los marcos político-ideológicos de quien dirige y/o patrocina la investigación, así como la disposición de recursos materiales, económicos y de personal para realizar el proyecto de investigación.

X. Dificultades para recurrir a fuentes de información en el proceso de investigación

Muchas veces encontramos a estudiantes e investigadores quejarse de la dificultad para obtener materiales teóricos y empíricos sobre el tema objeto de estudio. Se conocen las fuentes de información, pero el acceso a ellas puede resultar difícil y a veces imposible debido a las trabas burocráticas, al temor de que los datos que se solicitan se utilicen para fines que perjudiquen a la institución que los recopiló, o porque no se desea que se indague sobre algún problema ya que los resultados del estudio pueden comprometer a los directivos.

Los obstáculos que se enfrentan para obtener información varían según sea el tipo de datos, el nivel de análisis, los objetivos del estudio que quieran alcanzarse, etc.

Cuando los estudiantes pretenden llevar a cabo una investigación en la materia de metodología y se dedican a recopilar información, frecuentemente se decepcionan o frustran al enfrentar diversas dificultades institucionales y personales que limitan la obtención de información suficiente sobre el tema. Esta situación conduce muchas veces a que el problema y los objetivos del estudio se replanteen a fin de poder efectuar la investigación con la información disponible.

Las dificultades para obtener información objetiva se presentan también a los investigadores y directivos que patrocinan un proyecto de investigación.

Lo anterior lo observamos, por ejemplo, cuando elaboramos,

en junio de 1978, un proyecto de investigación para la Subdirección Técnica de Reclusorios del Distrito Federal a fin de obtener un conocimiento más preciso sobre las características de los reclusorios y sus alcances y limitaciones como centros de rehabilitación social. Para realizar la primera parte de la investigación, solicitamos al responsable de esa dependencia cierta información sobre los problemas de organización y funcionamiento de las unidades penitenciarias y sobre las características del personal a cargo de las mismas.

El funcionario contestó que tal petición no podría satisfacerse, pues él mismo carecía de mucha información sobre el particular ya que, aun cuando fungía como subdirector técnico de reclusorios, la información que recibía era incompleta o estaba distorsionada, debido al temor de que descubrieran fallas serias en la organización y funcionamiento de las unidades penitenciarias que pusieran en entredicho la política de la dependencia mencionada.

Lo anterior sirve para demostrar que no basta con que nosotros formulemos un buen diseño de investigación y conozcamos las distintas fuentes que contengan la información necesaria para nuestro estudio. Hay que tomar en cuenta que existen intereses sociales e institucionales y marcos políticoideológicos que van a condicionar la disponibilidad de las fuentes de información y la validez de los datos que se obtengan.

XI. Importancia de definir con claridad y precisión el problema de investigación

En muchas ocasiones se pasa por alto esta recomendación metodológica de primer orden: "Es necesario que el problema de investigación se defina en forma clara y precisa". La práctica nos indica que para plantear científicamente un problema de investigación, es necesario que éste se defina debidamente, es decir, en términos que no resulten confusos o vagos, o que den lugar a interpretaciones equivocadas sobre lo que quiere estudiarse.

La importancia de la regla mencionada se reafirma con lo que sucedió en un curso-taller sobre Análisis Sociológico de la Salud-Enfermedad en México que dirigimos en enero de 1986 en la Escuela de Medicina de la Universidad Autónoma Benito Juárez de Oaxaca. En dicho curso-taller una compañera de medicina expuso el problema que le interesaba investigar a fin de que fuese seleccionado junto con otros para desarrollarse en el taller respectivo. El problema era: "Desinterés del médico ante los problemas sociales".

Cabe mencionar que en la fecha en que se realizó el curso-taller, la Escuela de Medicina de la UABJO formaba parte del Frente Popular Estudiantil, que en esos días llevaba a cabo diversas acciones en la ciudad de Oaxaca para protestar por el alza de la tarifa del transporte urbano que afectaba a toda la población de las clases trabajadoras. Sin embargo, se notaba que la participación de los médicos y estudiantes de medicina era muy limitada en dicho problema social.

Al día siguiente, los compañeros que se incorporaron al equipo que analizaría el problema mencionado expresaron la confusión que tuvieron cuando empezaron a trabajar en el planteamiento del problema de investigación. La compañera que propuso el problema se refería al "Desinterés del médico ante los problemas sociales *del paciente*" y en ningún momento había pensado en los problemas sociales relacionados con el asunto del movimiento ocasionado por el alza del transporte urbano.

Los demás miembros de los otros equipos manifestaron también que habían creído que la compañera se refería al problema social que en esos momentos envolvía a la Universidad de Oaxaca (el del transporte urbano).

Lo anterior viene a mostrar la importancia de *definir* en forma clara y precisa nuestro problema de investigación para evitar confusiones. De esta forma podremos llevar a cabo el siguiente proceso específico de investigación: *Plantear* científicamente el problema (sobre este último punto, véase mis libros: *Guía para realizar investigaciones sociales* y *Métodos para la investigación social*).

XII. Errores en la formulación de los objetivos de investigación

Uno de los procesos específicos de mayor importancia en el trabajo científico es la formulación de los objetivos, pues representan la brújula que guiará el proceso de investigación. Hacia ellos se dirigirá, por lo tanto, el conjunto de actividades mentales y manuales para que los resultados del trabajo científico resulten significativos para el desarrollo de la ciencia y/o la solución de problemas concretos.

La definición de los objetivos es un proceso que se vincula a otros procesos de la investigación, concretamente con la construcción del problema, del marco teórico y conceptual y de las hipótesis. Existe, pues, una continua retroalimentación entre estos últimos procesos y la formulación de los objetivos, de tal modo que la información teórica y empírica que se utilizara para la elaboración de aquéllas sirve también para ubicar, aclarar o precisar los objetivos de la investigación. Éstos, a su vez, orientan la estructuración del problema, del marco teórico y conceptual y de las hipótesis en la medida en que permiten dirigir el análisis y síntesis de la información recopilada para su fundamentación.

Por lo tanto, la formulación de los objetivos no se realiza en un momento específico; éste es un proceso que abarca otros procesos de la investigación. Podemos, por ejemplo, iniciar un trabajo con objetivos poco precisos o muy ambiciosos; sin embargo, el contacto con el objeto de estudio y el conocimiento

67

de las posibilidades reales que tiene el investigador y/o la institución que patrocina el proyecto obligará a centrar o a afinar nuestros objetivos hasta que sean susceptibles de alcanzarse con los materiales teóricos y empíricos disponibles y con los recursos materiales y económicos existentes.

La definición de los objetivos de la investigación podría resultar a simple vista algo sencillo de realizar pero con frecuencia observamos que existe poca claridad o precisión en su formulación, o que se plantean en términos muy generales. También se señalan como objetivos una serie de medios o procedimientos para alcanzar los verdaderos objetivos de la investigación, por ejemplo: "analizar la información disponible al respecto". En otras ocasiones, los objetivos no concuerdan con los planteamientos expuestos en la justificación del estudio, en donde, como sabemos, se expresa determinada intencionalidad, es decir, las razones que motivan la realización del estudio.

Uno de los errores que observamos con frecuencia en alumnos y egresados de diferentes carreras y niveles es el señalar como objetivos de investigación planteamientos que corresponden a un proceso posterior a la investigación.* Tales señalamientos se ubicarían más bien dentro del proceso de planeación en el que se busca elaborar planes y programas de acción con base en el diagnóstico que surge del análisis científico de los problemas.

A título de ejemplo podrían proponerse como objetivos de investigación los siguientes: 1. determinar las causas principales del problema; 2. precisar las características que adopta el problema en un determinado momento histórico; 3. proponer un modelo teórico-metodológico para el análisis de la problemática.

Conjuntamente pueden presentarse objetivos de esta naturaleza: a) elaborar un programa de acción para resolver la problemática analizada; b) lograr una participación amplia y consciente de la población para solucionar a la brevedad posible el problema

---

* Este error lo hemos observado en estudiantes y egresados de la maestría de medicina social de la UAM-X, de la Facultad de Ciencias Políticas y Sociales de la UNAM y de trabajo social de la Universidad Femenina de México, entre otras instituciones.

estudiado o, *e*) influir en las instituciones para que actúen inmediatamente sobre el problema.

Partimos de que no basta sólo con lograr un conocimiento científico de los problemas, sino que se requiere llevar a cabo una práctica social debidamente sustentada para resolverlos; es decir, el investigador debe buscar influir con los resultados de su trabajo en la transformación de los procesos e instituciones sociales. Sin embargo, debemos recordar el límite del proceso de invetigación que nos permite alcanzar sólo un conocimiento objetivo y preciso de los fenómenos. La necesidad de utilizar los resultados de cualquier estudio para dirigir el proceso de construcción de planes y programas de acción seguramente está en la mente de la mayoría de los investigadores sociales que analizan problemas concretos ya sea en el ámbito académico o en el sector público.

Con el fin de rescatar la inquietud presente en la gran mayoría de las personas de utilizar los resultados de la investigación para intervenir en la realidad concreta, a fin de introducir los cambios pertinentes, pueden plantearse al final de los *objetivos de conocimiento* uno o más *objetivos de cambio*. Por ejemplo:

Con base en los resultados de la investigación, establecer programas o medidas para disminuir los problemas que afectan a la comunidad.

XIII. Relación problema-hipótesis en el proceso de investigación

El proceso de conocimiento surge debido a: 1. la existencia de lagunas en la estructura teórica de una ciencia particular; 2. por dificultades metodológicas que enfrenta la práctica científica al construir el conocimiento; o 3. por la necesidad de analizar problemas concretos que tienen diversas instituciones y sectores de la sociedad a fin de presentar alternativas para su solución.

A medida que se avanza en el proceso de investigación se dilucidan dudas o se resuelven problemas, a la vez que aparecen nuevas interrogantes que exigen el planteamiento de respuestas o explicaciones (hipótesis) a fin de no detener el trabajo de la ciencia o el desarrollo de las actividades que llevan a cabo las instituciones u organizaciones sociales.

Las respuestas originan otros problemas en un proceso incesante de conocimiento de los fenómenos. Esa es la dialéctica del trabajo científico: de la duda al conocimiento; de un conocimiento limitado hacia otro más completo o profundo. El desenvolvimiento real del proceso de investigación no es, por lo tanto, lineal ni mecánico sino sumamente complejo en cuanto que al avanzar pueden haber vueltas a fases anteriores para aclarar dudas o fundamentar mejor los problemas e hipótesis.

Esta forma en que discurre el trabajo científico se observa en las investigaciones que realizan las distintas dependencias e instituciones. Por ejemplo, en un curso que impartí del 13 al 24 de julio de 1981 a investigadores del Instituto del Fondo Nacional de la Vivienda para los Trabajadores (INFONAVIT), un equipo expuso el problema objeto de su estudio. Con base en las experiencias y la información empírica existente se observó la presencia de un problema en las unidades habitacionales construidas por el INFONAVIT que brevemente podemos resumir así:

A medida que aumenta el número de viviendas en los conjuntos habitacionales, disminuye la efectividad de la autoadministración a través de las representaciones vecinales.
La pregunta que se planteó a fin de centrar el problema de investigación fue:
¿De qué depende el éxito o el fracaso de los programas de autoadministración de las unidades habitacionales construidas por el INFONAVIT?
Dicha pregunta dio lugar a una respuesta provisional (hipótesis) basada en la información teórica y empírica disponible:
Mientras mayor es la cohesión social del grupo estudiado, mayor será el éxito de los programas de autoadministración de las unidades habitacionales.
Aquí los estudiosos tuvieron necesidad de explicar el fenómeno de la cohesión social. Para ello hicieron la siguiente pregunta:
¿De qué depende la cohesión social de un grupo?
La cohesión social depende del grado de identificación de los miembros del grupo (identificación de necesidades e intereses económicos, sociales, políticos, culturales y recreativos).
Los miembros del equipo de investigación formularon entonces una pregunta relacionadas con su objeto de estudio:
¿Por qué en la medida en que aumenta el número de residentes en las unidades habitacionales disminuye la cohesión entre los mismos?
Para responder esta interrogante plantearon la siguiente hipótesis:
Mientras mayor es el número de residentes en las unidades habitacionales, se observa un menor grado de identificación entre los miembros del grupo, lo cual disminuye su cohesión social.

El problema anterior muestra la dialéctica del proceso de conocimiento: planteamiento de un problema-formulación de hipótesis-surgimiento de nuevos problemas-planteamiento de nuevas hipótesis.

XIV. Vinculación dialéctica entre el planteamiento del problema y las hipótesis

Hemos sostenido en diversos cursos y conferencias sobre metodología que en el proceso de investigación no podemos hablar de la "etapa" de plantear el problema, de la "etapa" de elaborar hipótesis, o de la "etapa" de estructurar el marco teórico y conceptual, etc. Más bien debemos hablar de *procesos específicos* ligados dialécticamente, ya que este concepto nos permite tener una visión de conjunto del proceso de investigación y no concebir éste como una serie de etapas ligadas en forma lineal y mecánica. Sobre lo anterior en el capítulo "La investigación científica, ¿esquema rígido o proceso dialéctico?" ampliamos las razones del por qué es necesario cambiar el concepto de "etapa" por el de *proceso específico*.

Cuando estamos planteando el problema de investigación analizamos la información teórica y empírica disponible sobre el asunto. En este proceso de análisis vamos descubriendo o precisando diversos aspectos, relaciones o elementos esenciales del problema y lo vamos ubicando en su realidad histórico-social en donde surge y se desarrolla y adquiere las características fundamentales que lo configuran en el momento objeto de estudio.

En este proceso de acercamiento al problema surge poco a poco una comprensión más profunda y objetiva del mismo. Del análisis de los planteamientos teóricos y de los datos empíricos se llega a síntesis de conocimientos, es decir, se desprenden pre-

73

guntas científicas que, en consonancia con los objetivos de la investigación, dirigen la apropiación teórica de la realidad concreta. Si las preguntas son complejas es necesario, mediante un análisis de sus elementos, desglosarlas en preguntas específicas.

En el proceso de plantear el problema de investigación van surgiendo, a veces sin tener una idea clara de cómo sucede, diversas hipótesis de trabajo que buscan aproximarse a la explicación del problema o proporcionar pistas para responder a nuestras preguntas: Por qué surge el problema, Cuáles son sus características principales, Dónde surge, Cuándo, En quiénes repercute, etc., dependiendo las preguntas de los objetivos que buscan alcanzarse con la investigación.

En un curso-taller sobre metodología de investigación realizado en octubre de 1985 en la VI Asamblea de Trabajo Social Médico, efectuado en Guadalajara Jalisco, una compañera de un equipo de trabajo que desarrollaba un proyecto de investigación sobre la delincuencia juvenil nos exponía sus puntos de vista sobre la relación problema de investigación-hipótesis. Nos decía un tanto desconcertada: "En mi equipo ya tenemos las hipótesis (claro, se refería a hipótesis de trabajo) y todavía no hemos terminado de plantear el problema de investigación". Le respondimos que la relación problema-hipótesis es una relación dialéctica y que ella y su equipo de trabajo estaban viviendo esa dialéctica que deja sentir su presencia (aunque en ocasiones no estemos conscientes de ello) en el proceso de investigación.

Algo similar sucedió en otro curso-taller sobre metodología que impartimos a profesores del Colegio de Ciencias y Humanidades de la UNAM en junio de 1987. En la exposición final de los trabajos de investigación un compañero decía que su equipo tuvo que llegar a las hipótesis para terminar de plantear el problema de investigación.

Lo anterior permite demostrar que la investigación no sigue un esquema rígido en donde, para pensar en las hipótesis, se necesitaría haber planteado en forma definitiva el problema objeto de estudio. En la práctica lo que hemos observado es que el investigador, al estar planteando el problema, va encontrando elementos que le sirven para adelantar algunas hipótesis de trabajo, mismas que se afinan o completan a medida que se profundiza en el planteamiento del problema.

XV. ¿En qué momento se construye el marco teórico y conceptual?

Esta es una de las preguntas más frecuentes que nos hacen estudiantes y profesionistas de diversas instituciones. El marco teórico y conceptual, ¿se construye antes de plantear el problema y las hipótesis? o ¿se elabora simultáneamente con el desarrollo del problema y de las hipótesis? Desde nuestro punto de vista no existe una sola vía para realizar una investigación, por lo que la construcción del marco teórico y conceptual estará en función del tipo de investigación que pretenda llevarse a cabo (exploratoria o de carácter explicativo). También el manejo de los elementos teóricos dependerá del nivel de conocimiento que el investigador tenga sobre su objeto de estudio.

Puede darse el caso que un investigador comience por el análisis teórico de un fenómeno particular y en cierto momento considere pertinente descender del nivel teórico al empírico para observar de manera directa la validez de una teoría. En este caso se tendría un conocimiento teórico previo que serviría de marco para plantear el problema y las hipótesis específicas. Por ejemplo, en una tesis de maestría titulada *Las teorías sobre la clase media (un análisis crítico)*[1] el autor analiza los diferentes enfoques sobre las llamadas clases medias que ha elaborado la

---

[1] Víctor A. Espinoza Valle, *Las teorías sobre la clase media (un análisis crítico)*, Tesis de Maestría, FCPS, UNAM, 1986.

teoría de la estratificación social y la teoría marxista de las clases sociales.

Después de revisar estas perspectivas teóricas, el autor de la tesis concluye: "existe la necesidad —desde el campo de la teoría crítica— de establecer *mediaciones* entre el cuerpo teórico para el análisis de las clases sociales y el trabajo empírico sobre las mismas"[2]. Por ello —continúa— me propongo continuar la investigación, una vez realizado este primer acercamiento teórico al problema, desarrollando los siguientes estudios: a) *La Burocracia en la Frontera: Baja California;* b) *Sectores Medios en la Frontera Norte*"[3].

En otros casos, la investigación es de carácter más bien exploratorio y, por lo tanto, se parte de una revisión empírica del problema. Por ejemplo, en un curso sobre metodología de investigación que impartimos en la Universidad Autónoma de Sinaloa en julio de 1987, un biólogo y un ingeniero químico de la Secretaría de Pesca fueron comisionados para estudiar un problema concreto que enfrentaba la dependencia mencionada: "La disminución del periodo de captura del camarón en la zona de Culiacán", ya que en lugar de durar seis meses, el último periodo que debería haber comprendido de octubre de 1986 a marzo de 1987 sólo duró tres meses.

Los compañeros enfrentaron el problema de no contar con alguna información teórica para encuadrar su problema de investigación y ubicar sus hipótesis. Carecían, pues, de hipótesis plausibles para explicar el fenómeno y de momento, me comentaron en el curso, sólo desarrollarían algunas ideas para aproximarse a la explicación de dicho fenómeno: 1) la elevación en los tres primeros meses del periodo mencionado del volumen de camarón capturado por parte de las granjas de ejidatarios, en comparación con los volúmenes captados en periodos anteriores, queja que

[2] *Ibid.,* p. 212.
[3] *Ibid.,* pp. 213-214.

presentaban los miembros de las cooperativas tradicionales; 2) el uso de una tecnología más avanzada para la captura del camarón; 3) disminución del número de camarones en las aguas de la zona mencionada debido a cambios en la salinidad o en la temperatura de las aguas o por la reducción del plancton, alimento del camarón.

Los compañeros de la Secretaría de Pesca enfrentaban, pues, un problema concreto y procedieron a revisar las estadísticas sobre los volúmenes de captura de camarón en distintos periodos por parte de las granjas de ejidatarios y las cooperativas tradicionales. Los datos mostraron que no había en el periodo mencionado una elevación significativa de captura en las granjas de ejidatarios con respecto a los periodos anteriores. Lo mismo mostraron las estadísticas con respecto a las cooperativas tradicionales. Se desechó esta *hipótesis de trabajo* y se siguió analizando otros posibles elementos que sirvieran de base para formular una hipótesis que permitiera responder al problema planteado.

En el caso que acabamos de exponer, el uso de la teoría es muy limitado o prácticamente está ausente. Esto no significa que al terminar el trabajo, el estudio de los compañeros de la Secretaría de Pesca no aporte elementos para ir configurando una base teórica que explique este tipo de fenómenos.

En otro caso puede suceder que un investigador observe la presencia de una relación empírica entre dos o más fenómenos y busque apoyarse en un marco teórico para explicar dicha relación. Por ejemplo, en otro curso sobre Metodología de investigación impartido en el Colegio de Sociólogos de México en el mismo mes de julio de 1987, un grupo de compañeros normalistas que trabajan como docentes en telesecundarias iniciaron la elaboración de una investigación debido a que observaban y ellos mismos vivían un fenómeno concreto: Los profesores de telesecundaria en su mayoría no desean asistir a cursos de actualización porque éstos no responden a sus inquietudes intelectuales, o porque no se toman en cuenta para el escalafón y debido también a que los profesores tienen que trabajar en otras partes para resolver sus problemas económicos.

Los compañeros normalistas comenzaron a descubrir que detrás de estas expresiones concretas de la realidad había otra realidad más compleja que explicaba las manifestaciones fenoménicas de la realidad y para aprehenderla tenían que recurrir a diversos conceptos. Revisaron entonces los conceptos y los elementos teóricos de las corrientes funcionalista y del materialismo histórico para decidir cuál era el mejor enfoque teórico para abordar su objeto de estudio, quedándose finalmente con la perspectiva del materialismo histórico. El manejo de conceptos como relaciones sociales dominantes, política estatal escalafonaria, crisis económica, etc., dentro de la teoría del materialismo histórico, les permitió ir avanzando para consolidar una explicación más objetiva de su problema objeto de estudio.

En el caso anterior el marco teórico y conceptual surge después de observar o enfrentar la realidad; es decir, aquí la construcción de dicho marco se realiza cuando se tiene más o menos definido el problema de investigación.

Lo ideal sería que el investigador fuese manejando en forma simultánea la teoría y la información empírica existente sobre su objeto de estudio para formular el problema y las hipótesis. Sin embargo, esta situación ideal no siempre se presenta ya que como señalamos al principio, el momento en que se acude a la teoría está en función del tipo de investigación que se realice y del conocimiento y experiencias que tenga el investigador sobre el problema. Lo que si es una recomendación metodológica de primer orden es que se busque en la medida de lo posible ubicar el problema y las hipótesis en un cuerpo de teoría, ya que esto permitirá alcanzar un conocimiento más profundo y completo de los fenómenos.

Otra de las preguntas con respecto al marco teórico y conceptual que escuchamos con frecuencia es: ¿Qué hacer cuando una teoría como la marxista no nos proporciona, de momento, elementos teóricos específicos para analizar un fenómeno concreto?

En el curso-taller sobre metodología mencionado anteriormente, un equipo de trabajo decidió investigar el problema: "Hostigamiento sexual a trabajadoras operarias de Teléfonos de México". En cierto momento, una psicóloga que pertenecía a ese equipo nos expuso una inquietud que hemos observado en diversas personas que realizan trabajos de investigación. Si bien el equipo —nos decía— estaba de acuerdo en utilizar la teoría marxista para abordar el problema señalado, los elementos teóricos disponibles eran bastante generales lo que, sin duda, dificultaba aproximarse al objeto de estudio. Se carecía, pues, de referencias teóricas específicas dentro de la perspectiva marxista para estudiar un fenómeno como el hostigamiento sexual a trabajadoras de una empresa como Teléfonos de México. ¿Qué hacer entonces?

De una cosa estaban convencidos los miembros del equipo: que los elementos teóricos del marxismo les serían de gran utilidad para ubicar el problema en su realidad histórica: el contexto social del capitalismo dependiente en México. Sin duda, el manejo de categorías como formación social, relaciones de explotación y subordinación, ideología capitalista, crisis, desempleo, subordinación laboral, etc. serían fundamentales para abordar el fenómeno hostigamiento sexual a las trabajadoras. Sin embargo, la manera como se manifiesta este fenómeno en un lugar y en un momento específicos, la percepción que de este fenómeno tienen las trabajadoras y las autoridades de la empresa y sus causas y repercusiones concretas, son aspectos del análisis del problema que requieren de un marco teórico específico para abordarlos en forma más objetiva y precisa.

Hasta el momento, señalan los miembros del equipo en la Introducción de su proyecto: "La condición específica de las mujeres todavía no cuenta con una teoría acabada que explique el fenómeno en toda su amplitud y complejidad".

Para abordar un objeto de estudio específico sobre el que se carece de elementos teóricos o éstos resultan insuficientes podrían establecerse dos vías para el análisis de los aspectos y relaciones particulares del fenómeno: 1) con los elementos teóricos generales y la observación directa del fenómeno, se podrían elaborar algunas hipótesis de trabajo que sirviesen de base para formular hipótesis de mayor profundidad al término del estudio. Estas hipótesis podrían ser comprobadas en otros estudios, lo cual permitiría ir conformando una base teórica específica para el análisis del fenómeno en cuestión. La otra vía es acudir a aquellas teorías o elementos teóricos que sin ser contradictorios con la perspectiva teórica marxista pudieran —en ese nivel de análisis concreto— rescatarse a fin de utilizarlos en forma *crítica*, siempre en un plano de subordinación, dentro de la perspectiva teórica marxista (lo anterior no implica, bajo ningún concepto, una posición ecléctica). Sobre esta segunda vía, los miembros del equipo que analizaba el hostigamiento sexual a las trabajadoras operarias de Teléfonos de México expresaron al final de su proyecto de investigación: "El estudio del hostigamiento sexual a las mujeres trabajadoras implica considerar la subordinación de clase y la subordinación de género, las cuales corresponden a la ideología capitalista y a la ideología patriarcal. Este fenómeno se relaciona con el poder que se deriva de la clase dominante y del género dominante. Implica la ligazón del materialismo histórico y del feminismo (y probablemente del psicoanálisis)".

Construcción del marco teórico y conceptual de referencia

Es fácil proporcionar una serie de recomendaciones sobre cómo elaborar el marco teórico y conceptual. Sin embargo, en la práctica sigue observándose que un considerable número de personas que se inician en el trabajo de investigación no tienen una idea clara de cómo construir su marco teórico y conceptual.

En el curso-taller sobre metodología de investigación que impartimos en el Colegio de Sociólogos de México (julio de 1987), un equipo de trabajo analizó el siguiente tema: "Las políticas educativas del estado mexicano (1982-1987). El caso del Instituto Nacional para la Educación de los Adultos (INEA)".

Una vez que los compañeros contaron con suficientes elementos teóricos marxistas sobre la educación y el estado, se manifestó una inquietud que seguramente es la que se apodera de muchos de nosotros en determinado momento: cómo organizar el conjunto de ideas y conceptos contenidos en sus cuadernos de trabajo o en sus fichas; más concretamente: cómo redactar su marco teórico y conceptual.

No existen recetas para tal efecto; esto no significa que no puedan darse algunos lineamientos para organizar y exponer los planteamientos teóricos sobre el asunto que se estudia. Les sugerimos que: 1) expusieran en primer lugar aquellos elementos teóricos más generales sobre la educación y las políticas estatales, fundamentando sus planteamientos en aquellos autores que habían analizado (Marx, Gramsci, Freire, etc.); 2) en un segundo momento, siempre articulado en forma orgánica al nivel más general, deberían exponerse las cuestiones teóricas de un nivel de abstracción menor que sirvieran de base para formular las hipótesis de la investigación. Podrían manejarse los aspectos teóricos generales y aquellos de índole más específica en un mismo capítulo o, si se prefería, podrían establecer un *marco teórico general* y un *marco teórico específico;* 3) recomendamos también a los integrantes del equipo que se evitasen los saltos "mortales" que es frecuente observar cuando se exponen ideas de diferente nivel de abstracción. Para facilitar el trabajo de redacción les aconsejamos que elaboraran un guión que contuviese los aspectos más importantes que teóricamente deberían desarrollarse.

¿Con qué idea comenzar primero?, ¿cómo articular los diversos elementos teóricos a fin de construir un discurso científico armónico y elegante? Estas y otras preguntas tienen que responderse en el momento mismo de enfrentar la elaboración del marco teórico y conceptual. La capacidad de análisis y síntesis así como el manejo y exposición de las ideas difiere de un individuo a otro. Pero también es cierto que la cualidad de saber construir un discurso bien equilibrado puede irse desarrollando poco a poco, con la práctica.

Por último, es necesario recomendar dos cosas más cuando elaboramos nuestro marco teórico y conceptual: 1) evitar poner cita tras cita de los autores que consultamos sin ofrecer nuestros puntos de vista sobre la cuestión objeto de estudio. Esto revela inseguridad o temor de no decir algo importante. Hay que evitar, por lo tanto, llenar de citas bibliográficas nuestro trabajo ya que esto sólo empobrece el texto; 2) cuando citemos alguna idea, concepto o dato de determinado autor, es requisito indispensable señalar la fuente (nombre del autor, título del artículo u obra donde aparece la cita y la página respectiva). Pasar por alto esta recomendación puede ocasionarnos serios problemas legales ya que estaríamos cometiendo plagio. Esto no es sólo una cuestión de ética profesional sino también una exigencia reconocida internacionalmente en la elaboración de cualquier obra, ya sea científica o de carácter literario.

XVI. Niveles en la construcción de las hipótesis

Su relación con el marco téorico y conceptual de referencia

Es frecuente encontrar estudios que parten de un marco materialista histórico para analizar el problema objeto de estudio que, sin embargo, no llegan a recuperar dicha perspectiva teórica a la hora de formular las hipótesis. Estas se plantean en términos de la corriente funcionalista que busca sobre todo establecer relaciones empíricas entre los fenómenos, dejando de lado el análisis de las relaciones estructurales del sistema social que son las que determinan el surgimiento, desarrollo y configuración de los fenómenos concretos.

Partir de un marco materialista histórico para analizar un problema social y formular hipótesis que recuperan la visión funcionalista de la sociedad limita el análisis profundo y objetivo de la realidad concreta. No podemos plantear hipótesis con una perspectiva funcionalista si utilizamos un marco teórico materialista ya que esto significaría descontextualizar las hipótesis y quedarnos con una visión reduccionista de la realidad, que básicamente busca establecer relaciones empíricas entre los fenómenos y pasa por alto (por la misma ideología subyacente en el enfoque funcionalista) las leyes inherentes al sistema social capitalista que muestran el contenido real de los procesos sociales.

Es necesario, por ello, que las hipótesis recuperen la perspectiva teórica en que se apoya la investigación y establecer, por lo tanto, diferentes niveles en la construcción de las hipótesis. Un nivel muy general que en realidad forma parte del nivel teórico (hipótesis teórica) y otros niveles más concretos de la hipótesis que permitan dirigir u orientar la formulación de hipótesis empíricas. Sólo así será posible que estas últimas se recuperen —al analizar la información— con sus debidas limitaciones y se ubiquen adecuadamente en el contexto de la hipótesis rectora o principal.

De lo contrario, privilegiamos las relaciones empíricas entre los fenómenos y nos quedamos con los aspectos fenoménicos, externos, de nuestra problemática objeto de estudio.

En la Escuela de Enfermería de la Universidad Autónoma de Zacatecas en agosto de 1986, un grupo de compañeras enfermeras presentó en el Coloquio sobre Estudios de la Salud en la Pobreza la investigación: "Aproximación General de la Mortalidad Perinatal en el Municipio de Zacatecas". En el documento se menciona:

> Después de la revisión de los diferentes conceptos de salud, bajo el enfoque sanitarista y materialista nos inclinamos por el materialista, ya que el sanitarista concibe la salud como un estado meramente orgánico funcional, tiene limitaciones tanto en la explicación de las enfermedades como en el resultado de las actividades que nos lleven a la solución del problema. Nosotros postulamos que la metodología del materialismo histórico es la más correcta para enfocar el proceso salud-enfermedad, porque es el método que analiza en forma concreta el proceso anterior en cada formación social (pp. 15-16).

Planteado lo anterior, las enfermeras ubican el problema de la mortalidad perinatal en la perspectiva teórica del materialismo a fin de explicar en forma más objetiva y profunda las causas estructurales de dicho problema. Debe recalcarse el hecho de que con este tipo de enfoque se busca superar la visión biologista, individualista y hospitalaria que hoy en día prevalece en el campo de la enseñanza y la práctica de la medicina y de la enfermería en México. Es, pues, un gran mérito de las enfermeras y médicos que tratan de analizar desde otra perspectiva el problema de la salud-enfermedad, concibiéndolo como un proceso social históricamente determinado, es decir, que la manera de enfermar y morir depende de como se organiza la sociedad para producir y reproducirse y de la forma como las distintas clases sociales participan en este proceso social.

Sigamos adelante.

En la página 60 del documento de las enfermeras se postula la siguiente hipótesis: "En la mortalidad perinatal intervienen de manera importante factores socio-económicos que se dan en las diferentes clases sociales".

En la crítica que se nos pidió sobre el trabajo de investigación de las compañeras enfermeras señalamos que la hipótesis tal y como está planteada: 1) no recupera del todo la visión de la teoría materialista, 2) se vincula la mortalidad perinatal con factores socio-económicos sin establecer una jerarquía entre éstos y, 3) la forma como la hipótesis está planteada no recupera la realidad concreta donde se ubica el problema.

De acuerdo con lo anterior sugerimos que la hipótesis presentada por las enfermeras debería ubicarse en un nivel más general y, a su vez, permitir la derivación de relaciones empíricas referidas al municipio de Zacatecas.

Niveles de hipótesis

1. Las características de la estructura socioeconómica de una formación social capitalista influyen en las condiciones materiales de vida, las que a su vez determinan el perfil patológico de la población.
2. Las características de la formación social mexicana, inserta dentro del capitalismo, determina en forma directa la situación socioeconómica de las distintas clases sociales, misma que va a repercutir directamente en la distribución y frecuencia de las enfermedades en cada una de las clases sociales.
3. En las clases trabajadoras se observa un mayor deterioro de los factores socioeconómicos a consecuencia de la crisis que enfrenta el país, en comparación con la clase burguesa. Esta situación objetiva repercute en forma directa en la elevación de la tasa de mortalidad perinatal en las clases trabajadoras.

87

4. Las clases trabajadoras, cuyos miembros viven en el municipio de Zacatecas, enfrentan serios problemas socioeconómicos que repercuten directamente en la presencia de una tasa de mortalidad perinatal más elevada en comparación con la que se presenta entre la clase burguesa.

4.1. Cuanto más deterioradas se encuentren las condiciones de vida y de trabajo de las clases trabajadoras, se observará una mayor tasa de mortalidad perinatal.

4.1.1. Cuanto mayor sea el desempleo y el subempleo de las clases trabajadoras del municipio de Zacatecas, tanto mayor será la tasa de mortalidad perinatal.

4.1.2. Cuanto menor sea el salario y la capacidad adquisitiva de las clases trabajadoras en el municipio de Zacatecas, tanto mayor será la tasa de mortalidad perinatal.

4.1.3. Cuanto mayor sea el grado de hacinamiento... tanto mayor será...

4.1.4. Cuanto menor sea el acceso a los servicios médicos... tanto mayor será...

4.1.5. Mientras menor sea el nivel educativo... tanto mayor será...

XVII. Operacionalización de hipótesis: obtención de indicadores

Cuando exponemos en un curso de metodología el proceso de operacionalización de hipótesis, los estudiantes desean saber en qué consiste dicho proceso y cuál es su finalidad dentro de la investigación.

En términos generales podemos decir que la operacionalización de hipótesis es un medio para acercarnos al conocimiento preciso de los fenómenos que se estudian, ya que permite reducir los conceptos de una hipótesis a indicadores de la realidad, es decir, a aspectos específicos de los fenómenos. A partir de los indicadores se procederá a recopilar la información empírica que se requiere para efectuar el análisis.

De esta forma se podrán observar y/o medir los distintos aspectos del fenómeno que se estudia, con el fin de lograr un conocimiento empírico objetivo que sirva para comprobar las hipótesis planteadas.

Para derivar indicadores de una variable (concepto) es necesario definirla previamente; después se buscarán todos los indicadores posibles. A partir de su análisis se seleccionarán aquellos que, de acuerdo con la teoría y la práctica, se consideren más relevantes para orientar la búsqueda de información básica para analizar el problema y comprobar las hipótesis. Con base en los indicadores se seleccionarán las técnicas y se elaborarán los instrumentos de recolección de datos (cuestionarios, guías de entrevista y de observación, etc.).

La definición de conceptos y, por lo tanto, la selección de los indicadores, dependerá del marco teórico que se utilice para efectuar la investigación.

Pero, ¿qué son los indicadores?, ¿son la causa o el efecto de los fenómenos que se estudian? o ¿son expresiones momentáneas de la realidad concreta? Estas son algunas preguntas que nos han hecho estudiantes y profesores de diversas instituciones.

Por ejemplo, la variable *desintegración familiar* ¿cómo procederíamos a operacionalizarla?

En un curso para egresadas y profesoras de la Universidad Femenina de México* un grupo de trabajadoras sociales planteó la siguiente hipótesis: "Mientras mayor sea el fenómeno de la desintegración familiar en una comunidad se observará un incremento en el índice de divorcios."

Para operacionalizar el concepto desintegración familiar se eligieron, entre otros, los siguientes indicadores: deficiente comunicación entre los cónyuges; falta de metas comunes, alcoholismo del padre y/o de la madre.

Al analizar los indicadores anteriores, una persona señaló que la ausencia de comunicación entre la pareja podría ser una de las causas de la desintegración familiar mientras que otra indicó que el alcoholismo podría considerarse una de las consecuencias (efecto) de la desintegración familiar. Surgió entonces la pregunta: ¿los indicadores son causa o efecto del fenómeno que se analiza?

La inquietud anterior la encontramos también entre investigadores de la Dirección General de Desarrollo Tecnológico de la SCT** cuando un grupo de trabajo presentó la siguiente hipótesis: "La deficiente capacitación tecnológica influye negativamente en la productividad de una empresa."

Los indicadores propuestos para observar y/o medir la deficiente capacitación tecnológica fueron: inadecuada operación

* Curso sobre Métodos y Técnicas de Investigación Social impartido del 27 de febrero al 2 de marzo de 1984.
** Curso sobre Metodología de la Investigación impartido del 5 al 9 de marzo de 1984.

del equipo; su baja disponibilidad; costos excesivos en su mantenimiento; informes de labores mal redactados; falta de integración entre el personal por diversidad de experiencias.

Uno de los compañeros del curso señaló que la inadecuada operación del equipo podría ser un resultado (efecto) de la deficiente capacitación tecnológica; otra persona mencionó que la baja disponibilidad del equipo podría considerarse, a su vez, consecuencia de su inadecuada operación, ya que esto provoca el deterioro e inutilización del mismo. La relación quedaría entonces así:

DEFICIENTE CAPACITACIÓN TECNOLÓGICA	→	INADECUADA OPERACIÓN DEL EQUIPO	→	BAJA DISPONIBILIDAD DE EQUIPO

Surge nuevamente la pregunta: ¿los indicadores son causa o efecto del fenómeno que se analiza?

Para responder a esta cuestión es necesario tener en cuenta dos supuestos: 1. la realidad es un proceso y, 2. los indicadores muestran sólo parte de la realidad, es decir, son expresiones concretas de un fenómeno considerando el periodo que se elige para su estudio. Antes o después de ese periodo los indicadores pueden considerarse la causa o el efecto del fenómeno, dependiendo del tipo de relaciones que se formulen en la hipótesis y de la complejidad y duración de los procesos sociales. Por lo tanto, los indicadores tienen una vigencia histórica determinada y su utilización permite observar y/o medir los aspectos y relaciones empíricas de los fenómenos en un momento específico de la existencia de éstos.

La pregunta planteada sobre los indicadores se había presentado antes con profesores de la Facultad de Contaduría y Administración de la UNAM.* De la discusión que sostuvimos con los docentes formulamos los siguientes planteamientos sobre los in-

---

* Curso impartido del 6 al 10 de abril de 1981.

dicadores, su significado y su función en el proceso de la investigación:

1. Operacionalizar significa traducir las variables a indicadores que son aspectos o situaciones específicas de los fenómenos. Éstos se presentan en términos de variable para su manejo empírico. Por ejemplo, el fenómeno *concentración de la riqueza* se considera una variable.

2. La obtención de indicadores de una variable está de acuerdo con la forma de concebir el fenómeno. Es decir, la definición de la variable a partir de la cual se obtendrán los indicadores se realiza de conformidad con el marco teórico que se emplea para llevar a cabo la investigación. Asimismo, la selección de los indicadores que se tomarán en cuenta para recopilar la información dependerá del marco teórico en que se encuadre la investigación.

3. Un indicador es un elemento concreto de la realidad a partir del cual se podrán observar y/o medir aspectos específicos del fenómeno. Dependiendo de la complejidad de éste, un indicador puede expresar en forma cuantitativa algunos o todos los elementos del fenómeno.

4. Los indicadores se encuentran en diferentes niveles de abstracción. Algunos indicadores requerirán de un proceso de operacionalización adicional para obtener subindicadores, a fin de dirigir la búsqueda de información empírica, válida y confiable.

5. Cuando las variables son complejas pueden dividirse en dimensiones y obtenerse indicadores para cada dimensión con el objeto de cubrir todos los ámbitos de la variable. Por ejemplo, la variable marginalidad puede dividirse en las siguientes dimensiones: marginalidad social, marginalidad económica y marginalidad política.

6. Existen variables cuyos indicadores pueden tener un menor grado de objetividad (como participación política, desintegración familiar, interés por el trabajo comunitario) en comparación con otras variables (por ejemplo: deterioro de la vivienda, concentración de la riqueza, escolaridad, tipo de ocupación, etc.).

7. En una misma variable, por ejemplo calidad de vida, pueden

haber indicadores que sean más objetivos que otros; un indicador objetivo de la calidad de vida sería el tipo de alimentación, en tanto que la falta de oportunidades para el desarrollo intelectual podría considerarse un indicador menos objetivo. El grado de objetividad de un indicador depende de su capacidad para proporcionar información empírica válida y confiable para efectuar el análisis del fenómeno.

8. Los indicadores sobre determinado fenómeno son manifestaciones concretas del objeto de estudio, ya que partimos de que la realidad es un proceso muy complejo, por lo que las relaciones y aspectos de un mismo fenómeno no se dan en forma lineal ni aparecen definidos en todos sus detalles. Por ello, los indicadores de una variable pueden considerarse de acuerdo con otro análisis como la causa o el efecto del fenómeno que se estudia. Por ejemplo, un indicador de la desintegración familiar, es decir una expresión empírica de este fenómeno, puede ser la falta de comunicación entre los cónyuges. Empero, este mismo indicador podría considerarse desde el punto de vista de otro investigador una causa o un efecto de la desintegración familiar. Lo anterior se debe a que la deficiente comunicación entre la pareja es un proceso al igual que la desintegración familiar ya que la pérdida de la comunicación no se da de un día para otro sino que se va desarrollando en el transcurso del tiempo.

Esquemáticamente ambos procesos se darían así;

DESINTEGRACIÓN FAMILIAR

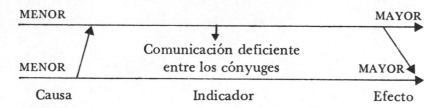

Con base en este esquema, cuando la comunicación deficiente es menor puede convertirse en una de las causas de la desintegración familiar; cuando aquélla es mayor estaríamos observando un efecto de la desintegración familiar, y si la comunicación deficiente se encuentra teóricamente en un término intermedio (considerando un periodo determinado) sería un indicador, es decir, una expresión concreta del fenómeno de la desintegración familiar.

De acuerdo con lo anterior, los indicadores son referencias concretas de un fenómeno en cierto momento de su desenvolvimiento histórico.

XVIII. Diseño de muestra. Aspectos técnicos y determinaciones políticas

Hemos señalado en otros trabajos que el quehacer científico en las ciencias sociales guarda una autonomía relativa respecto de las posiciones político-ideológicas. Dicha autonomía puede ser mayor en algunos momentos, por ejemplo en el diseño de la muestra y en el procesamiento de la información.

En el caso concreto de la muestra, su tamaño está en función de las características de la población que se estudia, de los grupos o estratos que la componen, del nivel de precisión y confiabilidad con que se requiere extrapolar los datos de la muestra hacia la población, así como de la variabilidad del fenómeno objeto de análisis. Estos son algunos elementos que se manejan para determinar estadísticamente el tamaño de la muestra, a través de las fórmulas correspondientes.

Sin embargo, en la práctica de investigación la determinación final de la muestra depende de los recursos económicos disponibles, así como de los marcos políticos prevalecientes en la institución que patrocina el proyecto de investigación.

En cierta ocasión (1973) el equipo de estudios médico-sociales de la Jefatura de Planeación y Supervisión Médica del IMSS en el que trabajábamos, sometió a consideración del subdirector médico de la institución el tamaño de la muestra para realizar a nivel nacional el Estudio de Actitudes del Personal Médico del IMSS. Dicha muestra la diseñó el equipo de apoyo técnico de la Jefatura mencionada y su tamaño era de 1 600 médicos, aproximadamente.

El directivo consideró que desde el punto de vista político tenía más impacto decir que la encuesta comprendía uno de cada cuatro médicos, por lo que ordenó que la muestra se eleváse a 2 000 (25% del total de médicos de base y de confianza) ya que, por otro lado, se disponía de recursos para incrementar la muestra. Así, en la presentación de los resultados se señala: "La encuesta realizada expresa las opiniones de, aproximadamente uno de cada cuatro médicos al servicio del IMSS, excluidos los becarios."

En este caso los intereses políticos estuvieron a favor del trabajo de investigación ya que de conformidad con la estadística al analizar un mayor número de casos se eleva la confiabilidad de los resultados puesto que cuanto mayor es el tamaño escogido de la muestra, tanto menor será el error de muestreo, es decir, la diferencia entre los estadísticos (características de la muestra) y los parámetros (características de la población).

Por lo tanto, las posiciones político-ideológicas pueden incidir positivamente en el desarrollo del trabajo de investigación o dificultar el conocimiento objetivo de la realidad (véase el apartado "La ideología y su influencia en la construcción del conocimiento objetivo").

XIX. Objetividad de la información proveniente de encuestas.

Cuando se habla del problema de la objetividad, muchos pensarían que nos referimos a un tema que sólo se maneja a nivel teórico o que es un asunto abstracto cuya discusión debe dejarse a los especialistas en teoría del conocimiento.

Sin duda, la intención de todo investigador es alcanzar un conocimiento objetivo sobre la realidad a fin de reproducir a nivel teórico sus aspectos y relaciones esenciales. Para lograr lo anterior, es necesario utilizar los elementos teóricos disponibles y la información empírica que se obtiene sobre el problema por medio de encuestas, guías de observación o de entrevista, etc. Estas técnicas deben permitir la recopilación de datos empíricos objetivos, es decir, que correspondan a la situación que se estudia (esta información reproduce sólo el primer nivel de la realidad: el externo o fenoménico). A partir de los elementos empíricos y con base en la teoría existente, puede elaborarse un nuevo conocimiento que amplíe o profundice los resultados anteriores del trabajo científico.

No obstante la importancia que tienen las técnicas de recolección de datos en el proceso de investigación, pocas veces nos ponemos a reflexionar hasta qué punto una encuesta, por ejemplo, proporciona información objetiva, pues no basta que se diseñe con todo rigor metodológico para que los datos que se recojan correspondan a la realidad; se requiere comprender la complejidad de los fenómenos sociales para poder asumir una actitud crítica y una vigilancia continua tanto sobre la construcción de los instrumentos como durante la etapa de su aplicación.

En un curso de Capacitación y Actualización de los Difusores de Tecnología del Instituto Nacional de Investigaciones Agrícolas de la SARH,* en el que fungía como instructor, dos ingenieros agrónomos preguntaron si las encuestas podrían proporcionar información objetiva para utilizarse en el diseño de programas de asistencia técnica a los campesinos. Esta inquietud surgía de su experiencia en los centros experimentales en que laboraban, ya que en muchas ocasiones —según expusieron— al entrevistar a campesinos, éstos les respondían "cualquier cosa con tal de que no les quitaran el tiempo dedicado a sus labores agrícolas".

Lo anterior nos obliga a reflexionar sobre diversas cuestiones que caen dentro de la teoría del conocimiento: ¿qué es la realidad? ¿cómo se conoce? ¿cómo se da la relación sujeto-objeto en el proceso de conocimiento?

La información que proporciona un encuestado, ¿refleja la realidad?, ¿es lo que él piensa de la realidad o la imagen que desea se lleve el investigador?

Como sabemos, en una encuesta existen preguntas que se refieren a problemas o asuntos en los que la interpretación personal está prácticamente ausente ya que se solicita información sobre hechos concretos, por ejemplo: qué tipo de actividades realiza en su trabajo; cuál es su nivel de escolaridad o qué técnicas de cultivo utiliza.

Sin embargo, existen diversas cuestiones que involucran concepciones de la realidad. Por lo tanto, lo que para algunos encuestados resulta importante puede no serlo para otros. Así, al preguntar sobre las dificultades para poner en práctica determinado tipo de técnicas de cultivo, las respuestas pueden variar de acuerdo con la información y las experiencias que posea el encuestado; asimismo, cuando se trata de preguntas que, a juicio del entrevistado, resulten comprometedoras, las respuestas no

* Curso impartido en Cuernavaca Morelos, del 24 al 28 de octubre de 1983.

reflejarán objetivamente la realidad. Por ejemplo, si el Instituto Nacional de Investigaciones Agrícolas proporciona ayuda técnica y ésta es insuficiente para el campesino, al preguntársele si está conforme con la forma en que se proporciona dicha ayuda, el campesino puede responder afirmativamente con el fin de evitar quedar mal o por el temor de que se le cancele la asistencia técnica.

De lo anterior se desprende que la obtención de información empírica objetiva representa un serio problema que es necesario no subestimar cuando se lleva a cabo una investigación, pues muchas veces se piensa que el trabajo teórico es la actividad principal para obtener el conocimiento científico, relegándose a segundo término el conocimiento y manejo de las técnicas e instrumentos para recopilar información empírica.

XX. Falacias de una encuesta electoral de 1988

Las encuestas de opinión se han extendido a todos los países desarrollados y subdesarrollados a fin de explorar cuestiones de interés para alguna institución, partido político u organización social. A través de una encuesta electoral se busca conocer previamente el comportamiento de los electores el día de las votaciones. Cuando las encuestas de este tipo se diseñan y aplican con todo rigor, siguiendo determinadas reglas y estrategias metodológicas, se convierten en instrumentos de gran utilidad para lograr un conocimiento aproximado de lo que sucederá durante las elecciones.

Sin embargo, también se ha abusado de las encuestas ya que muchas veces se orientan a captar información que permita cubrir ciertas expectativas de quienes las patrocinan, o se utilizan como instrumentos políticos para influir en la opinión pública y orientar la conducta de los individuos.

Una encuesta electoral realizada a finales del mes de mayo de 1988 por profesores de la Facultad de Ciencias Políticas y Sociales de la UNAM y que el diario *Excélsior* publicó a ocho columnas el día 13 de junio de 1988 debe ser motivo de algunas consideraciones por sus repercusiones tanto en el campo político como académico: 1. La primera es en torno al respaldo institucional y financiamiento para la elaboración de esa encuesta cuyo objeto era conocer la conducta que adoptarían los ciudadanos en las elecciones del 6 de julio de 1988. Al respecto, una autoridad de la propia Facultad ha dejado claro en la sección Foro de *Excélsior* el 16 de junio de ese año que "la encuesta referida no fue programada, realizada, ni publicada bajo los auspicios de la institución". 2. La segunda consideración la formularemos desde el punto de vista científico:

1. En la presentación de los resultados de la encuesta existe un grave error metodológico al sumar los porcentajes obtenidos por el Frente Democrático Nacional (FDN) y el Partido Mexicano Socialista (PMS) en dicha encuesta (recuérdese que todavía en la fecha en que se realizó esa encuesta el PMS no formaba parte del FDN). La simple operación aritmética de sumar los porcentajes no refleja la nueva situación *cualitativa* que ocasionó la unidad entre ambas fuerzas políticas acordada a principios de junio de 1988. El hecho de que antes de las elecciones dicha unidad se muestre como una fuerza real con ciertas posibilidades de alcanzar el triunfo (tal como se comprobó después) tuvo, sin duda, repercusiones en la actitud política de un amplio sector de la población que tradicionalmente se había abstenido de votar porque no había una oposición real al Partido Revolucionario Institucional (PRI).

En la encuesta se menciona que el Partido Acción Nacional (PAN) obtendrá a nivel nacional 15.7 por ciento y 22.6 por ciento en la capital de la República, en tanto que el FDN alcanzará el 11.8 por ciento en todo el país y 16.0 por ciento en la capital. Como la unidad del FDN y el PMS se dio el 3 de junio, días después de realizada la encuesta, los resultados electorales que tendrá esta alianza, tal como se presentaron en el periódico *Excélsior,* son arbitrarios ya que lo que se hace es simplemente sumar a los votos del Frente los del PMS, obteniéndose entonces 15.2 por ciento a nivel nacional y 21.8 por ciento en la capital. Tales porcentajes son prácticamente similares a los del PAN; sin embargo, se señala que este último partido seguirá siendo la segunda fuerza política en el país (lo cual, como sabemos, fue desmentido por los resultados electorales del 6 de julio de 1988).

Cabe mencionar que en tanto que se trataba de un momento importante para la vida política nacional es posible hacer diferentes lecturas de los datos (que se presentan como "neutrales") obtenidos por medio de la encuesta. De ahí lo significativo de la lectura oficialista de la información al considerar al PRI como la mayor fuerza electoral y al PAN en su posición "inamovible" de segunda fuerza, frente a una izquierda más o menos aglutinada y activa que ha desquiciado el proyecto político dominante, pese a lo cual se le ubicaba en el tercer sitio, según dicha encuesta.

2. Las dos preguntas principales de las que se deduce que el PRI va a ganar con el 61.4 por ciento a nivel nacional (¿Qué candidato piensa que va a ganar las elecciones? y ¿Quién cree usted que es el mejor candidato a la presidencia?) no permiten inferir de manera precisa el comportamiento electoral, ya que en nuestro sistema sociopolítico la gente "sabe" que tradicionalmente "gana" el PRI y por eso da tácitamente por un hecho el triunfo de ese partido aunque no vaya a votar por el PRI, contribuyendo con tales comentarios a validar las elecciones aunque fuesen fraudulentas.

Con respecto a la segunda pregunta —¿Quién cree usted que es el mejor candidato a la presidencia?— es poco precisa ya que el "mejor candidato" no necesariamente se refiere a la calidad o capacidad del mismo sino al que puede tener mayores posibilidades de ganar. En este último aspecto, en tanto que estamos condicionados por la ideología política dominante que se trasmite por todos los medios de comunicación, concretamente por la T.V. y la radio, se considera que independientemente de lo que se haga, el candidato fuerte es el del partido oficial y en ese sentido la respuesta que se esperaría es que la mayoría de la gente considere que "es el mejor candidato". Asimismo, dada esta estructura de dominación que vivimos en México difícilmente la gente expresará en forma abierta frente a personas "extrañas" como son los encuestadores, el rechazo hacia el candidato que está avalado por el gobierno y el partido cuya identificación se basa en los colores de la bandera nacional.

3. Para poder extrapolar los datos de la muestra a toda la población se requiere que se conozca el nivel de precisión y de confianza con que se diseñó la muestra. Nunca pueden darse datos puntuales para la población si se parte de una muestra ya que existe un *error de muestreo*. Lo correcto hubiera sido que se dijese, por ejemplo: Con una precisión del 2 por ciento el porcentaje en toda la población que votará por el PRI oscilará entre 59.4 y 63.4 por ciento (61.4% ± 2%) con "x" nivel de confianza.

4. Se menciona en el periódico que la encuesta se aplicó a una muestra estratificada. Sin embargo, la muestra que se obtiene para cada uno de los 45 distritos electorales elegidos fue del mismo tamaño: 200 personas por cada distrito, lo que suman 9,000 casos. Es necesario destacar que en un muestreo estratificado cada estrato (en este caso cada distrito electoral) se toma como población independiente y se selecciona una muestra para cada uno de los distritos, tomando en cuenta el tamaño de la población respectiva. Al distrito más grandes (Texcoco) con 220,653 electores le corresponde 200 personas como muestra, al igual que al distrito más pequeño, Naucalpan de Juárez, con 53,082 electores. El tamaño de la muestra dependerá también de la variabilidad del fenómeno, en este caso de la conducta electoral que se da al interior de cada uno de los distritos. Este dato también se ignora en el diseño de la muestra en la que se aplicó la encuesta mencionada.

5. Para que una muestra sea representativa y puedan extrapolarse sus resultados para toda la población, se requiere que la selección de los electores sea al azar, es decir, que no intervenga la decisión del encuestador; los procedimientos aleatorios son muy costosos y difíciles de llevar a cabo en poblaciones abiertas y en un tiempo limitado. Asimismo, se requiere tener un control a fin de que el diseño de la muestra no sufra serios ajustes que lleven a invalidar los resultados.

6. El tamaño de la muestra fue de un poco más del 10 por ciento "lo que le da una alta confiabilidad a los resultados del estudio", según señalan los autores de esta encuesta, encabezados por el Dr. Carlos Sirvent Gutiérrez profesor de la Facultad de Ciencias Políticas y Sociales. Es necesario puntualizar que la confiabilidad de los resultados dependen no solamente del tamaño de la muestra sino también de la validez y confiabilidad del instrumento empleado para recabar la información; asimismo, debe cuidarse la forma cómo se aplica el cuestionario así como las condiciones en las que se le emplea; la manera como se interpretan los datos, etcétera.

Al día siguiente en una entrevista por radio "Red" al profesor Sirvent, exdirector de la mencionada Facultad, el conductor del programa José Gutiérrez Vivó le señala que "muchas veces se piensa que cuando sale como ganador el partido oficial, el PRI, dentro de una encuesta como ésta, quizás es porque existe la intención de beneficiarle, ¿la encuesta que ustedes hicieron en Ciencias Políticas de la UNAM es neutral totalmente?, pregunta el director del programa de radio. El profesor Sirvent titubea y responde: "Yo supongo que sí" y dice *porqué solamente lo supone:* Hay dos problemas en una encuesta, que los datos hayan sido maquillados, arreglados o preelaborados, en cuyo caso la encuesta sería falsa, y otro que a pesar de cuidar que la encuesta se haga bien es muy difícil controlar la aplicación del cuestionario para una población estratificada, aquí está "nuestra única posibilidad de deformación", señala Sirvent.

Ante las críticas hechas por los partidos de oposición sobre la forma como se realizó el proceso electoral del 6 de julio de 1988 que permitió al gobierno y al PRI cometer el supuesto fraude electoral a favor del candidato oficial, el día 13 de septiembre de ese año el PRI difundió en los principales periódicos del país los resultados de la votación total nacional por candidatos:

CANDIDATO	VOTOS	% GLOBAL
MANUEL J. CLOUTHIER DEL RINCON (PAN)	3,208,584	16.81
CARLOS SALINAS DE GORTARI (PRI)	9,687,926	50.74
CUAUHTEMOC CARDENAS SOLORZANO (FDN)	5,929,585	31.06
GUMERSINDO MAGAÑA NEGRETE (PDM)	190,891	1.00
ROSARIO IBARRA DE PIEDRA (PRT)	74,857	0.39

(Fuente: Periódico *Unomásuno*, 13 de septiembre de 1988, p. 18).

Estos datos no concuerdan con los obtenidos por medio de la encuesta, sobre todo por los dos organismos políticos entre los que se dio la verdadera batalla electoral. En esa encuesta el FDN obtuvo el 15.2 por ciento y el PRI el 61.4 por ciento, a nivel nacional.

El 17 de septiembre de 1988 el senador del FDN, Roberto Robles Garnica, señaló en la sección CORRESPONDENCIA del periódico *Unomásuno* que con "los cálculos rigurosos con procedimientos muy depurados de los centros de cómputo del FDN el ingeniero Cárdenas obtuvo una votación real de 7 millones 631 mil 225 votos o sea el 39.84 por ciento del total; el licenciado Salinas, 7 millones 55 mil 34, o sea, el 36.83 por ciento del total, y el ingeniero Clouthier 4 millones 196 mil 709, o sea el 21.91 por ciento del total. Es decir, al ingeniero Cárdenas se le redujeron un millón 673 mil 44 votos y al ingeniero Clouthier 930 mil 309, mientras al candidato oficial se le abultó el cómputo en 2 millones 596 mil 846 votos, o sea una manipulación fraudulenta de 5 millones 204 mil 708 sufragios".

Los datos del FDN al igual que los del PRI que proporcionó el senador Robles Garnica son muy diferentes de los que se obtuvo a través de la encuesta que hemos analizado. Esto no significa que las encuestas no proporcionen información objetiva. El problema en todo caso radicaría en la forma como se diseñó y aplicó el instrumento y los intereses políticos que animaron la realización de esa encuesta electoral. Cuando escribo esto el Dr. Carlos Sirvent exdirector de la Facultad de Ciencias Políticas y Sociales de la UNAM y coordinador de la encuesta mencionada, ha sido nombrado director de capacitación académica del Partido Revolucionario Institucional. Sobran los comentarios.

XXI. Encuestas e intereses de clase

El día de ayer, 10 de enero de 1989, contesté tres encuestas sobre bancos, gomas de mascar y licores y confirmé una vez más lo que he planteado en algunos libros: las encuestas se encuentran determinadas por necesidades sociales, intereses económicos o posiciones político-ideológicas. Por lo tanto, la encuesta es una técnica de investigación social que responde no sólo a una estrategia metodológica sino también a ciertos intereses de clase.

Así, en el campo de la política, Pinochet se apoyó en los resultados de una encuesta realizada por organismos afines al gobierno chileno semanas antes del plebiscito del 5 de octubre de 1988 para proclamar anticipadamente su triunfo, que finalmente no se consumó. Por su parte, Gorbachov, el líder soviético al igual que Reagan cuando era presidente de los Estados Unidos, han mostrado interés por los resultados de las encuestas para conocer la opinión de la gente sobre distintos aspectos de sus respectivas políticas de gobierno. En México, tanto el partido oficial (PRI) como los partidos de oposición se apoyaban en diversas encuestas efectuadas antes de las elecciones del 6 de julio de 1988 para proclamar su triunfo o criticar a sus adversarios. La encuesta se convierte así en un instrumento político que puede orientar el comportamiento electoral de la población.

También las encuestas se emplean en pedagogía, epidemiología, trabajo social, psicología social, sociología, entre otras disciplinas. La caza de datos es una fiebre que ataca a las llamadas sociedades modernas para conocer preferencias electorales, obtener información acerca de problemas educativos o de alimentación, o sobre cuestiones de empleo, de morbimortalidad, entre otros tópicos.

En este espacio nos interesa analizar especialmente las encuestas que tienen por objeto conocer las preferencias de la población hacia ciertos productos o servicios a fin de orientar mejor las estrategias publicitarias. De esta manera, las encuestas se emplean para reforzar o cambiar actitudes para inducir a los individuos al consumismo, elemento consustancial de nuestra sociedad capitalista. Este tipo de encuestas patrocinadas por empresas relativamente grandes o en vías de expansión, y que representan al capital monopólico, se aplican constantemente en la ciudad de México y otras zonas urbanas del país. Las poblaciones objeto de estudio son las que tienen potencialmente recursos para comprar los productos o servicios que se ofrecen. Tales encuestas responden a intereses concretos de las empresas a fin de abrir o consolidar sus mercados.

Podemos decir que en las mismas encuestas se presentan elementos para inducir al consumo de los productos. La manera de formular las preguntas puede servir para sugerir la compra de tal o cual producto. Por ejemplo, en la encuesta sobre gomas de mascar que me hicieron, la lista abarcaba más de 16 marcas distintas para que opinara sobre cuestiones como: qué gomas de mascar son para gente rica, o tienen un sabor agradable, o son para jóvenes. En la lista había marcas con nombres extranjeros para explotar nuestros sentimientos de inferioridad, si los tenemos. Esto conduce —si no estamos preparados sobre los efectos que tiene una encuesta en las actitudes— a que tratemos de conseguir esas marcas para saborear un producto supuestamente extranjero.

En cuanto a los licores, la encuesta buscaba obtener información para determinar que tan efectiva resulta la publicidad para que se le recuerde y, por consecuencia, nos induce a consumir o a tener presente cierto tipo de licores. En la lista que me proporcionó el encuestador había también licores con nombres extranjeros, lo cual puede llevarnos a pensar que nuestra esfera social

110

es muy limitada si sólo conocemos dos o tres marcas cuando hay una gran variedad de licores nacionales y extranjeros.

En cuanto a los bancos, no obstante que la banca fue nacionalizada en septiembre de 1982, continúa la competencia para atraer más clientes. Así, la encuesta también exploraba qué tan efectiva ha sido la publicidad en cuanto a los servicios que proporcionan los diversos bancos, siempre orientando las preguntas hacia el conocimiento de los servicios que otorga un banco en particular, como en el caso de las gomas de mascar y los licores.

Las encuestas en este caso sirven para conocer opiniones, expectativas de la gente, etcétera, a fin de orientar las campañas publicitarias que permitan inducir el consumo de cierto tipo de productos o servicios, siempre atendiendo a las exigencias del capital. A los consumidores solo se nos toma en cuenta en tanto que podemos contribuir a realizar la plusvalía y, por lo mismo, deben atenderse las opiniones y expectativas de los consumidores a fin de facilitar la introducción del producto al mercado o para ampliar éste.

Al principio me negaba a responder a tales encuestas ya que estoy plenamente consciente que proporcionar información para que las empresas mejoren sus campañas publicitarias a fin de alentar el consumismo, es contribuir a reproducir las relaciones sociales capitalistas que son, en esencia, relaciones de explotación. Sin embargo, en una época de crisis generalizada en la que muchas personas tienen que salir a la calle a trabajar en lo que sea para ganarse unos cuantos pesos, fue una razón poderosa que influyó en mí para contestar ese tipo de encuestas, pues de esta manera se podía ayudar a un asalariado a sostener su temporal fuente de ingresos. Vivimos en medio de estas contradicciones. Lo importante es no perder de vista la finalidad de ese tipo de encuestas.

111

XXII. Presentación de propuestas de solución en una investigación. Problemas concretos

La problemática social que enfrentan los investigadores, acentuada por la crisis generalizada que vive nuestra sociedad, obliga a una reflexión profunda sobre el papel de las ciencias sociales en la solución de los problemas generados o agudizados por el modelo de desarrollo capitalista dependiente impuesto a nuestro país por la burguesía nacional e internacional.

Es necesario, por lo tanto, enfocar las investigaciones de tal forma que los resultados puedan utilizarse para resolver los problemas que se estudian, por ejemplo: el desempleo o subempleo, la desnutrición, el transporte deficiente, la vivienda deteriorada, etc.

Sin embargo, observamos con frecuencia que los profesores de metodología no preparan a los estudiantes para que realicen investigaciones con rigor metodológico, lo que impide obtener resultados válidos y confiables al término del estudio. Las deficiencias en el campo de la investigación dificultan iniciar un trabajo que sirva para presentarlo como tesis profesional. Otras veces la preparación puede ser excelente y facilitar tanto la elaboración de la tesis como la realización de investigaciones en el medio profesional. Pero, la mayoría de las tesis presentan solamente las conclusiones y no llegan a plantear alternativas concretas para resolver los problemas. Puede decirse que la investigación difiere según se efectúa para fines académicos o en dependencias que requieren que el análisis de los problemas y el diagnóstico consiguiente derive en propuestas que normen las políticas y estrategias de acción.

Cuando el egresado se enfrenta a la exigencia no sólo de formular conclusiones sino de sugerir recomendaciones concretas a partir de los resultados del estudio, se da cuenta claramente que la tarea del investigador no termina con la elaboración de las conclusiones en las que se exponen los principales hallazgos y la comprobación o no de las hipótesis planteadas. Se percata de la necesidad de que sus análisis permitan derivar proposiciones que sirvan a las dependencias o instituciones para instrumentar programas de acción. Aquí se manifiesta con mayor profundidad la importancia que tiene la investigación social en la solución de los problemas que se investigan. Esto ha conducido en los últimos años a que se incremente el número de dependencias u organismos que cuentan con departamentos de investigación, incorporando un número cada vez más grande de investigadores con una formación especializada.

Sin embargo, muchas veces existen expectativas exageradas sobre las posibilidades de la investigación en la solución de los problemas. Se pide que al término de un estudio se generen propuestas concretas para resolver inmediatamente los problemas que originaron la investigación. Se piensa que las ciencias sociales, a través de sus teorías, métodos y técnicas permitirán evitar o erradicar los problemas de la sociedad. Se olvida que la realidad social es muy compleja, que se encuentra en constante desarrollo y cambio, y que los procesos y fenómenos se relacionan de múltiples maneras y con distintos grados de intensidad; es decir, se olvida la complejidad del fenómeno de causalidad, lo cual conduce muchas veces a exigir que los investigadores planteen en forma simplista recomendaciones para resolver la problemática que se analiza. También podemos observar que muchos directivos todavía cuestionan la utilidad e importancia de las ciencias sociales para orientar los planes de desarrollo social.

Pensar que cualquier investigación social debe generar información suficiente y precisa para formular propuestas detalladas de solución es algo que está en la mente de muchas personas que dirigen el desarrollo de los diversos procesos sociales o de aquellas que buscan normar —a través de disposiciones jurídicas— las formas de desenvolvimiento de determinado fenómeno social.

Esto viene al caso mencionarlo, ya que en cierta ocasión tuvimos oportunidad de presentar un trabajo de investigación* que nos solicitó la Comisión Especial de Arrendamiento de Inmuebles de la Cámara de Diputados. En la reunión con los legisladores se nos exigió que señalásemos, como resultado de la investigación realizada, propuestas concretas para resolver de inmediato el problema de la vivienda en arrendamiento.

Dado el tiempo limitado para efectuar el estudio (cinco días), decidimos efectuar un análisis que presentara, por un lado, las bases teóricas e históricas para comprender mejor el problema de la vivienda en nuestro país y, por el otro, realizar un análisis concreto, basándonos en distintas fuentes documentales (libros, revistas, periódicos, censos, documentos públicos y privados, entre otros) y en las experiencias de diversos miembros del Colegio de Sociólogos que habían trabajado en investigaciones sobre vivienda.

Tal información resulta insuficiente para formular medidas detalladas de acción, como lo exigían algunos diputados que cuestionaron la utilidad de la sociología para resolver problemas sociales como el de la excesiva vivienda en arrendamiento (la mitad de las viviendas en el Distrito Federal están bajo el régimen de alquiler) y las alzas elevadas de las rentas. Se nos pedía, por tanto, que propusiéramos mecanismos concretos para evitar la presión de los grupos económicamente dominantes hacia el estado mexicano, o para legislar inmediatamente en materia inquilinaria, o para incrementar la inversión de la iniciativa privada en viviendas para arrendamiento.

* "La problemática de la vivienda en México. La vivienda en arrendamiento." Ponencia presentada por el Colegio de Sociólogos de México ante la Comisión Especial de Inmuebles en Arrendamiento de la Cámara de Diputados, el día 15 de mayo de 1984.

La respuesta a todas estas exigencias fue que: 1. antes de pensar en formular medidas específicas para resolver un problema complejo, deberían primero analizarse sus verdaderas causas, es decir, efectuar un análisis histórico social del mismo; 2. que el problema de la vivienda en arrendamiento no es igual para todas las zonas o colonias del Distrito Federal ni para todos los grupos sociales y 3. que para lograr una comprensión profunda del problema y de sus múltiples expresiones hay que efectuar estudios concretos a fin de conocer con mayor precisión y objetividad sus causas y características según los distintos grupos sociales y zonas de residencia.

Sólo así podrían tomarse medidas más acertadas para resolver el problema y se evitaría crear una legislación uniforme que no tome en cuenta las particularidades de la problemática social. La necesidad de este tipo de estudios la propusimos en las sugerencias planteadas al final de nuestra ponencia.

Señalamos, por último, que sería una actitud irresponsable de los miembros del Colegio de Sociológos si se hubiera llegado ante la Comisión de Inmuebles en Arrendamiento de la Cámara de Diputados con una serie de soluciones elaboradas con base en la información disponible, ya que ésta sólo hace referencia al problema de la vivienda en términos generales, sin tomar en cuenta las diferencias que se observan según los diversos grupos sociales y zonas de la ciudad de México.

Por lo tanto, proceder a formular medidas concretas de solución con base en la información empírica existente es poco científico, ya que la problemática de la vivienda en arrendamiento es muy compleja, por lo que deben efectuarse estudios específicos para tener un conocimiento más preciso y profundo del problema.

Nuestros puntos de vista sobre las causas y medios para comenzar a resolver dicho problema no fueron aceptados por varios diputados del PRI. Uno de ellos se negó a reconocer que nuestro sistema social fuese capitalista, insistiendo que debería llamársele sólo sistema socioeconómico. Otro diputado de izquierda comentó que según fuesen los puntos de vista sobre el problema serían las soluciones que se propusieran. De esta forma, la ideología y los intereses de clase se manifestaron con toda claridad, y un fenómeno que no se comprende fácilmente en un libro la realidad lo mostraba plenamente. Para proponer medidas a fin de resolver cualquier problema social, por ejemplo, el de la excesiva vivienda en arrendamiento y las elevadas rentas, es necesario tomar en cuenta que las posturas ideológicas e intereses de los diversos grupos e instituciones determinarán el tipo y alcance de las soluciones.

Segunda parte

Aparato conceptual del trabajo científico

Metodología de la investigación social

Es el conjunto de elementos metodológicos y técnicos que sirven para realizar una investigación sobre un problema social específico. Los principios y reglas metodológicas así como el uso de las técnicas e instrumentos de recolección y análisis de datos se ubican dentro de una determinada perspectiva teórica (materialismo histórico, positivismo y sus variantes: funcionalismo y conductismo, etc.). Por lo tanto, la metodología que se utilice para realizar una investigación social estará en función del tipo de enfoque teórico que se elija para el desarrollo de la investigación.

Podemos señalar, en consecuencia, que la manera como se llevan a cabo los diversos procesos específicos (planteamiento del problema y de las hipótesis, selección de las técnicas y diseño y aplicación de los instrumentos de recolección y análisis de la información, etc.) depende de la perspectiva teórica en que se enmarca la investigación. La metodología no puede, por lo tanto, desligarse del marco teórico general sobre *lo social* y de la teoría particular sobre el problema específico de que se trate, misma que deberá ser consecuente con la concepción de la realidad que se expresa en la teoría general. La metodología implica, pues, poner en movimiento, materializar las formulaciones teóricas generales y particulares a fin de guiar el proceso de investigación de los fenómenos de la realidad objetiva. El diseño de investigación puede verse como un recurso de la metodología en la medida que presenta los aspectos fundamentales que deben desarrollarse en el trabajo de investigación. El diseño permitiría concretar la metodología para aplicarla a un problema en particular.

1. ABSTRACCIÓN CIENTÍFICA

Es el proceso mediante el cual se destacan los aspectos, elementos y vínculos fundamentales de los fenómenos y objetos a fin de iniciar su estudio intensivo. A partir del proceso de abstracción se elaboran los conceptos que son abstracciones científicas, ya que permiten reproducir en el pensamiento los aspectos y relaciones esenciales de la realidad objetiva.

2. ANÁLISIS

Es el método que permite desmembrar o desarticular, con base en una idea o hipótesis rectora, un todo material (por ejemplo, un organismo) o un todo ideal (por ejemplo, una teoría) con el propósito de estudiar en forma intensiva sus partes o una de ellas en especial. El análisis destruye la unidad de los componentes del todo a fin de comprender mejor las características y la dinámica de los aspectos y relaciones de alguna de sus partes.

3. ANÁLISIS DE LA INFORMACIÓN

Consiste en examinar —de acuerdo con una hipótesis o idea rectora y considerando los objetivos de la investigación— la información que se recopila en el trabajo de campo y la que se obtiene de fuentes documentales, con el propósito de responder a las distintas cuestiones planteadas en la investigación. El análisis permite penetrar en el conocimiento exhaustivo de los diversos componentes del objeto de estudio con el fin de llegar a una comprensión profunda de sus diferentes aspectos y relaciones. Hecho el análisis se procede a la reconstrucción, vía el pensamiento conceptual, de la realidad concreta. El resultado de esta operación es una síntesis que permite tener una visión de totalidad del fenómeno que se estudia.

El análisis de la información se realiza, por lo regular, partiendo de los aspectos más generales del tema a fin de introducirse paulatinamente en las cuestiones específicas y de mayor profundidad.

En un primer momento el análisis es básicamente descriptivo, y tiene por objeto conocer la forma como se manifiestan los diferentes componentes de la situación que se estudia.

En un segundo momento, se busca interrelacionar la información sobre cuestiones que se refieren a un mismo aspecto del fenómeno a fin de lograr poco a poco una visión de conjunto del fenómeno o problema. El análisis de datos debe permitir la consecución de los objetivos y la comprobación de las hipótesis planteadas.

4. APARATO CRÍTICO

Se le conoce también como referencias o citas bibliográficas. Son las notas que se escriben en el texto, a pie de página o al final del capítulo o del libro para señalar la fuente de donde se obtuvo la información o las ideas expuestas. El aparato crítico también incluye las notas que se refieren a explicaciones de los términos que se presentan en el trabajo de investigación, así como la exposición de datos que apoyen o complementen el texto. Con esta información adicional, el lector podrá consultar otras fuentes o disponer de argumentos para aclarar, precisar o completar determinadas ideas presentes en el trabajo de investigación.

5. CAMPO DE ESTUDIO

Es el ámbito temporal y espacial en el que se centra el estudio del fenómeno o problema. Se le conoce también como marco de referencia o marco contextual.

6. CATEGORÍA

Son los conceptos fundamentales de una ciencia con base en los cuales se construyen sus teorías y se orientan los procesos concretos de investigación. Por ejemplo, algunas categorías del materialismo histórico son: formación social, modo de producción, relaciones de producción, fuerzas productivas. Existen también las llamadas categorías filosóficas que se refieren a los aspectos y relaciones más generales de los procesos de la naturaleza, la sociedad y el pensamiento, por ejemplo: causa y efecto; esencia y fenómeno; contenido y forma; lo singular y lo general; lucha de contrarios, etc. Estas categorías pueden aplicarse al estudio de cualquier proceso u objeto del universo.

7. CAUSALIDAD

Es la relación que se establece entre dos fenómenos o procesos concretos, en la que uno de ellos se encuentra determinado por el otro. La causalidad no se da en forma lineal o mecánica ya que un fenómeno puede tener diferentes causas y, a su vez, originar diversos efectos. Además, el efecto no se presenta en la gran mayoría de los casos después de que la causa se manifiesta en forma clara; por lo general, al comenzar a aparecer el fenómeno que se considera la causa, empiezan a surgir casi simultáneamente el o los efectos. Por ejemplo, en el proceso de enseñanza-aprendizaje, el efecto, es decir, el aprendizaje, empieza a vislumbrarse desde que se inicia la enseñanza.

Bajo determinadas circunstancias, el efecto puede repercutir en la causa. Puede haber causas determinantes y condicionantes, externas e internas. El descubrimiento de las causas determinantes de los fenómenos es un paso necesario para establecer leyes a fin de permitir la explicación y predicción de los fenómenos, dependiendo su alcance y precisión de las características del objeto de estudio y del desarrollo de la ciencia particular.

8. CENSO

Es un procedimiento mediante el cual se recopila información empírica sobre los aspectos que se consideran más importantes de una población previamente definida.

En México se realiza cada diez años el Censo General de Población y Vivienda. Los datos que se captan a través de un cuestionario se refieren a los siguientes rubros: 1. Ubicación de la vivienda; 2. Tipo de vivienda; 3. Características de la vivienda; 4. Personas ocupantes de la vivienda; 5. familias o grupos en la vivienda; 6. Bienes de cada familia o grupo; 7. Alimentación de cada familia o grupo.

Asimismo, en cuanto a la información sobre cada una de las personas que habitan en la vivienda, se averigua: 1. Sexo; 2. Edad; 3. Lugar de nacimiento; 4. Lugar de residencia; 5. Lengua indígena; 6. Religión; 7. Alimentación; 8. Alfabetismo. 9. Instrucción escolar; 10. Número de hijos; 11. Estado civil; 12. Ocupación; 13. Rama de actividad; 14. Posición en el trabajo; 15. Ingresos.

La información censal sirve para efectuar un diagnóstico general de los principales problemas de una sociedad a fin de fundamentar políticas gubernamentales. Los datos del censo se utilizan también para apoyar investigaciones empíricas.

9. CIENCIA

Es el conjunto de conocimientos obtenidos y comprobados a través de la práctica científica, los cuales se organizan rigurosamente con base en un sistema, y se expresan en principios, teorías, leyes, conceptos y métodos de investigación debidamente articulados. Tales conocimientos sirven tanto para guiar la investigación científica como para describir, explicar y predecir las causas y consecuencias de los fenómenos. Dada la complejidad de la realidad, ésta se ha dividido en parcelas para su estudio profundo, lo que ha originado el desarrollo de las ciencias particulares.

10. CIERRE DE PREGUNTAS ABIERTAS

Significa establecer categorías, es decir, agrupar las respuestas similares que se dan a una misma pregunta estructurada en forma abierta y que se presenta en un cuestionario, cédula de entrevista u otro instrumento de recolección de datos. Teóricamente existen tantas posibilidades de respuestas a las preguntas abiertas como individuos se encuestan o entrevistan. Es necesario, por lo tanto, agrupar las respuestas comunes, o que se expresan en distintos términos pero que significan lo mismo, a fin de poder manejar la información considerando un número reducido de categorías.

Al cerrar las preguntas abiertas cabe siempre la posibilidad de no contar con las categorías necesarias para incluir todas las respuestas. Por ello, se recomienda que se efectúen las pruebas pertinentes para que exista mayor seguridad de que las categorías establecidas cubran la generalidad de las respuestas obtenidas en una pregunta abierta (aquí el término *categoría* tiene una conno-

127

tación diferente de la del concepto *categoría* definido en este glosario).

11. CODIFICACIÓN

Es el proceso mediante el cual se asigna un código (letra o número) a cada una de las respuestas previstas para las preguntas de un cuestionario o guía de entrevista. Dicho proceso facilita el manejo de la información para formar cuadros de concentración de datos.

Un ejemplo sería, *Ocupación*: no contestó *0*; obrero *1*; comerciante *2*; artesano *3*; ama de casa *4*.

Ocupación	
No contestó	0
Obrero	1
Comerciante	2
Artesano	3
Ama de casa	4

Una vez que se asigna un código para cada alternativa de respuesta, éste se utilizará en lo sucesivo para tabular la información.

12. COMPROBACIÓN DE LAS HIPÓTESIS

Es el proceso que permite confrontar las hipótesis con la realidad empírica para determinar el grado en que se reconstruyen en el

128

pensamiento los aspectos y relaciones de los fenómenos objetivos. Las hipótesis pueden ajustarse o cambiarse de acuerdo con la información que se obtiene de la realidad concreta. La comprobación se realiza a través de diversos medios, según el tipo de hipótesis (descriptivas o explicativas), las características del objeto de estudio y el desarrollo teórico-metodológico de la ciencia particular. Algunos medios para comprobar una hipótesis son, por ejemplo, la experimentación, la observación, el análisis documental, la encuesta, la investigación-acción (la práctica transformadora). Es necesario subrayar que en la medida en que una hipótesis se apoye en datos teóricos y empíricos suficientes y pertinentes, habrá mayores posibilidades de que se compruebe en los términos planteados o que los ajustes sean mínimos.

13. CONCEPTO

Es la reproducción en el pensamiento de algún aspecto concreto de la realidad objetiva. Hay conceptos teóricos y empíricos. Los primeros expresan aquellos elementos, relaciones o procesos generales o que no son observables directamente, por ejemplo: clases sociales, estado, ideología, formación social. Los conceptos empíricos, por el contrario, se refieren a los aspectos y relaciones observables o medibles directamente a partir de los datos que se obtienen de la realidad concreta, como: accidente de trabajo, desnutrición, analfabetismo, etc. Pueden existir conceptos intermedios, es decir, menos teóricos o más empíricos que otros.

Los conceptos son abstracciones científicas ya que expresan los aspectos más relevantes de la situación o fenómeno a que hacen referencia. A continuación, definimos un concepto teórico y otro empírico:

Clases sociales

Son grandes grupos de hombres que se diferencian entre sí por el lugar que ocupan en un sistema de producción históricamente determinado, por las relaciones en que se encuentran con respecto a los medios de producción (relaciones que en su mayor parte las leyes refrendan y formalizan), por el papel que desempeñan en la organización social del trabajo, y, consiguientemente, por el modo de percibir y la proporción en que perciben la parte de la riqueza social de que disponen. Las clases sociales son grupos humanos, uno de los cuales puede apropiarse el trabajo de otro por ocupar puestos diferentes en un régimen determinado de economía social.[5]

Accidente de trabajo

Es toda lesión orgánica o perturbación funcional, inmediata o posterior, o la muerte, producida repentinamente en ejercicio, o con motivo del trabajo, cualesquiera que sean el lugar y el tiempo en que se preste. Quedan incluidos en la definición anterior los accidentes que se produzcan al trasladarse el trabajador directamente de su domicilio al lugar del trabajo y de éste a aquél.[6]

14. CONCLUSIONES DEL ESTUDIO

Es la parte del trabajo en la que el investigador resume, de acuerdo con los objetivos e hipótesis formulados los principales hallazgos encontrados en la investigación. Las conclusiones pueden hacerse en términos que abarquen los distintos aspectos de la misma, destacando aquellos que —según el criterio del investigador— son básicos para mostrar los resultados teóricos y/o empíricos del estudio. Las conclusiones pueden también referirse a cada uno de los capítulos que componen el trabajo, para alcanzar una mayor comprensión del texto.

Es importante destacar que en las conclusiones del estudio pueden plantearse aquellas hipótesis que surgen como resultado final del trabajo y que servirán de base para iniciar nuevos estudios. De esta manera, las conclusiones cierran un proceso concreto

---

5 V. I. Lenin, "Una gran iniciativa" en *Obras Escogidas*, Ed. Progreso, p. 228, tomo 3, 1979.
6 Ley Federal del Trabajo, Art. 474, Edit. Porrúa, México, 1981.

de investigación, lo que no implica que se llegue a verdades absolutas, acabadas, sino que se arriba a un determinado conocimiento que puede enriquecerse a medida que se lleven a cabo otras investigaciones sobre el objeto de estudio.

15. CONCRETO PENSADO O MENTAL

Es el producto más acabado que se obtiene del proceso de conocimiento sobre determinado fenómeno. El concreto mental permite descubrir la esencia de los procesos, es decir, las leyes que rigen su origen, desarrollo y transformación. Es la síntesis de los conocimientos adquiridos en la investigación científica (conceptos, leyes, teorías) a partir de la cual se puede alcanzar una comprensión y explicación científica de los aspectos y vínculos de los fenómenos.

16. CONCRETO SENSIBLE

Es la realidad empírica captada directamente por nuestros sentidos y expresada en sensaciones y percepciones que permiten descubrir sólo los aspectos y relaciones externas e inmediatas y no los nexos internos de los fenómenos. El concreto sensible representa el conocimiento del mundo externo, fenoménico.

17. CONFIABILIDAD EN LA INVESTIGACIÓN

Esta cuestión está presente a nivel de todo el proceso de investigación, así como en los distintos procedimientos utilizados para recopilar, clasificar y analizar la información.

En el primer caso, un diseño de investigación será confiable si permite guiar el proceso de investigación para estudiar el mismo fenómeno en distintos momentos pero bajo condiciones similares (cuidando que el tiempo que medie entre ellos no altere sustancialmente el fenómeno), o en el mismo momento pero en diversas comunidades o zonas. Por ejemplo, si se estructura un diseño de investigación para analizar la organización del trabajo fabril y sus repercusiones en la salud del obrero, dicho diseño debe servir para investigar este problema en el área de la ciudad de México o de otras ciudades del país, o el diseño podría utilizarse para analizar el mismo problema en la ciudad de México pero en periodos diferentes, siempre y cuando no sufra cambios significativos.

En el segundo caso, los procedimientos e instrumentos específicos —por ejemplo, un cuestionario, guía de entrevista o de observación— son confiables si permiten captar la misma información al aplicarse en circunstancias similares a dos o más poblaciones o muestras que tengan características parecidas. O bien un instrumento es confiable si, al aplicarse por dos o más investigadores a una misma población, permite captar la misma información, entendiendo por esto que la variación que se observe entre una y otra aplicación del instrumento no sea significativa.

De igual manera, los procedimientos de clasificación, medición y análisis son confiables si al emplearse por dos o más personas proporcionan resultados similares, o si al utilizarse por una sola persona en momentos diferentes arrojan el mismo resultado.

Un procedimiento para demostrar la confiabilidad de un instrumento de recolección de datos, por ejemplo, un cuestionario, es el siguiente. Al captar datos básicos para un estudio de actitudes se encuentra que de la muestra encuestada el 65% está satisfecha con su trabajo. Si el mismo cuestionario se aplica a una muestra representativa de la muestra original y el resultado es, por ejemplo, 64, 65 ó 66%, podríamos concluir que el cuestionario es confiable ya que produjo resultados similares en dos aplicaciones hechas a los mismos individuos pero en distintos momentos (recuérdese que la parte de la muestra en la que se hace la segunda aplicación del instrumento fue también encuestada primeramente). En cuanto a la guía de observación, ésta es confiable si al aplicarse simultáneamente por dos o más personas se capta información similar.

Hay que tomar en cuenta que la confiabilidad de un instrumento se demuestra si las personas que lo aplican están debidamente preparadas y las circunstancias de su aplicación son parecidas.

La confiabilidad está relacionada con la precisión, ya que no basta con que un instrumento sea idóneo sino que se busca que proporcione datos precisos o mida y clasifique la información con precisión. A su vez, ambas se encuentran relacionadas con la validez, ya que ésta contribuye a obtener información segura y precisa.

18. CONOCIMIENTO EMPÍRICO COTIDIANO O ESPONTÁNEO

Es el conocimiento que obtiene el hombre común en su práctica diaria al exponer sus órganos sensoriales al mundo externo. Este tipo de conocimiento se refiere a los aspectos inmediatos y externos de los fenómenos y sirve para orientar el quehacer cotidiano. A diferencia del conocimiento empírico espontáneo, el conocimiento empírico que obtiene el científico se capta a través de un proceso orientado por hipótesis y objetivos debidamente sustentados y utilizando técnicas e instrumentos adecuados y precisos. A partir de este conocimiento empírico y con base en la teoría se construye el conocimiento científico o se reformulan los planteamientos teóricos existentes.

19. CONOCIMIENTO OBJETIVO

Es aquel conocimiento que reproduce en el pensamiento los aspectos o elementos de la realidad material y se concreta en conceptos, leyes y teorías. Puede haber conocimientos empíricos objetivos, aun cuando se refieran a los aspectos externos de la realidad. Este último tipo de conocimientos se expresa en datos empíricos y sirve para elaborar un conocimiento cualitativamente superior: el conocimiento científico.

20. CRONOGRAMA

Es el señalamiento aproximado del tiempo que se necesita para efectuar cada uno de los procesos específicos de la investigación, a fin de determinar la fecha en que se terminará el trabajo de investigación. La elaboración del cronograma depende del tipo de investigación que se vaya a realizar, así como de la disponibilidad de recursos humanos, financieros y materiales y de la urgencia que el investigador o los patrocinadores tienen por conocer los resultados del estudio.

21. DATO EMPÍRICO

Es el conocimiento mínimo que se obtiene de la realidad concreta a través de la observación directa (guía de observación) o indirecta (informes, encuestas, entrevistas, censos). Por ejemplo, los datos de informes oficiales: en 1983, la inflación en México fue de 80.8% (Banco de México).

22. DEDUCCIÓN

Es el método que parte de planteamientos generales (conceptos, hipótesis, leyes y teorías) para derivar consecuencias o deducciones comprobables empíricamente. Los planteamientos generales se desglosan en aspectos y relaciones particulares. También de teorías generales pueden derivarse elementos teóricos específicos o desprenderse implicaciones empíricas a partir de hipótesis centrales.

23. DEFINICIÓN DE CONCEPTOS

Es una parte fundamental en el proceso de investigación, ya que la definición de los conceptos que se utilicen permitirá al investigador guiar la aprehensión teórica de la realidad concreta. La definición de los conceptos en ciencias sociales está en función del marco teórico que se emplee para realizar la investigación. Así, un mismo concepto puede ser definido de distinta forma, por ejemplo, el de clase social.

Dentro del marxismo, los aspectos que se consideran en la definición de este concepto son diferentes o la jerarquía que se les da difiere con respecto a la corriente funcionalista en la que los elementos básicos para incluir a los individuos en tal o cual clase son, por ejemplo, el modo de vida, el nivel de ingresos, el nivel educativo, etc. En el marxismo, en cambio, interesa conocer si los individuos poseen o no medios de producción, de lo cual se deriva el monto de sus ingresos, el modo de vida, etc.

Con base en la posición de los hombres con respecto a los medios de producción se los ubica en la estructura de clases de determinada sociedad (véase la definición de Lenin sobre clase social en el rubro *Concepto* de este glosario). La definición de los conceptos expresa una posición teórica, una forma de concebir al mundo y la sociedad, y se dejará sentir a lo largo de la investigación. Recuérdese que los problemas e hipótesis se plantean utilizando conceptos.

La definición de los conceptos puede hacerse dentro del marco teórico, a pie de página o al final del trabajo. La elección del lugar para definir los conceptos dependerá de la forma como el investigador decida estructurar el discurso científico. Pero, es aconsejable que los conceptos principales se definan en el marco teórico y conceptual por ser una de las primeras etapas de la investigación.

24. DEFINICIÓN OPERACIONAL

En este tipo de definición se presentan los elementos concretos (indicadores y referentes empíricos) que permiten observar y, si se puede, medir los fenómenos que se estudian. La definición operacional de los conceptos sirve para guiar la recopilación de la información empírica. Los aspectos que se incluyen en dicha definición dependerán del marco teórico que se utilice así como de los objetivos de la investigación y de una serie de circunstancias propias de cada estudio.

25. DEFINICION REAL

Cuando se realiza una investigación concreta es necesario ajustar o adecuar la definición teórica del concepto a los requerimientos y objetivos de la investigación. Si se realiza, por ejemplo, un estudio sobre marginación socioeconómica, la actitud de los grupos marginados podría definirse como la postura o posición —conformada a través de experiencias de explotación, expectativas, etc.— que guardan hacia las normas y patrones socioculturales de los sectores urbanos, lo que implica un fenómeno de integración o desintegración hacia la sociedad en que viven.

26. DEFINICIÓN TEÓRICA

Es la que aparece en los diccionarios o libros especializados y que se encuentra, por lo general, a un nivel de abstracción elevado ya que plantea los aspectos o elementos más generales del proceso, objeto o fenómeno que se estudia. Por ejemplo, el concepto actitud se define, según Gordon W. Allport en *Readings in Attitude Theory and Measurement*, como:

un estado mental y neural de disposición, organizado a través de la experiencia, que ejerce una influencia directa o dinámica en la reacción del individuo ante todos los objetos y todas las situaciones con que se encuentra relacionado.

27. DELIMITACIÓN DEL TEMA

Es el proceso que permite concretar el objeto de estudio hasta llegar a precisarlo de acuerdo a los aspectos, relaciones y elementos del grupo o comunidad que pretenden investigarse, considerando para ello su ubicación en una área determinada en un momento dado o en el transcurso de cierto periodo, es decir, su ubicación temporal y espacial. Esto significa fraccionar la realidad objetiva, pero en el pensamiento, vía el recurso de la abstracción. De esta forma, centramos nuestro interés en una parcela de la realidad a fin de proceder a su estudio intensivo, ya que, de otra forma, sería sumamente difícil o imposible analizar la realidad social en toda su extensión y complejidad.

Ejemplo de delimitación del tema:

— La formación de personal docente en México
— La formación de profesores en la Universidad Nacional Autónoma de México.
— La formación de personal docente en el área económico-administrativa de la UNAM.
— Los factores que determinan las características de la formación del profesorado en la Facultad de Ciencias Políticas y Sociales de la UNAM 1970-1980.

La delimitación del tema está en función tanto de los objetivos del estudio como de la disponibilidad de recursos económicos, materiales, de personal y de tiempo.

28. DISEÑO DE INVESTIGACIÓN

Es el conjunto de procesos específicos y procedimientos que sirven de guía para llevar a cabo un trabajo de investigación.

Las partes del diseño son: delimitación del tema; justificación del estudio, definición y planteamiento del problema y de los objetivos; elementos básicos del marco teórico y conceptual; formulación de hipótesis; selección de las técnicas y diseño de la muestra y de los instrumentos de recolección de datos.

El diseño incluye también el plan de trabajo general, es decir, la estrategia a seguir para llevar a cabo la investigación.

El diseño de investigación es un recurso del método científico en cuanto que permite la concreción de éste en un proceso de investigación específico. También se le conoce como proyecto o plan de investigación y, se ajusta a los requerimientos o necesidades de la institución y del propio investigador, así como a las características que adopta el objeto de estudio.

29. DISEÑO DE LA MUESTRA

Es el proceso que permite determinar tanto el tamaño de la muestra como los elementos (personas u objetos) de la población que se incluirán en la muestra. Su diseño está en función de: 1. Los objetivos de la investigación, 2. La variabilidad del fenómeno que se estudia, 3. La precisión y confiabilidad con que se desee obtener la información, 4. El tipo de preguntas que se formulen y el tamaño de los instrumentos de recolección de datos, que depende tanto de la complejidad del problema que se estudia como de los objetivos de la investigación, 5. Los recursos y el tiempo disponibles, y 6. El tamaño de la población, entre otros.

El diseñador de la muestra debe tomar en cuenta lo anterior a fin de presentar diversas alternativas con el objeto de que el investigador elija aquella que considera más apropiada para los fines del estudio.

30. EMPIRISMO

Es una corriente que analiza los fenómenos sociales con base en los aspectos externos e inmediatos de los mismos, utilizando para ello información que proviene de experiencias, observaciones, encuestas, etc. Al carecer de una teoría que guía el proceso de investigación, se dejan de lado las verdaderas causas de los fenómenos y se dificulta, por lo mismo, obtener una visión integral de la realidad. Las hipótesis de los estudios que se sitúan dentro de esta tendencia son básicamente descriptivas y de un alcance reducido, ya que se formulan para un ámbito o grupo estrecho (una comunidad, un grupo específico, una fábrica, etc.).

En el empirismo se privilegian las etapas y los procedimientos que acercan al investigador al mundo sensible, por ejemplo: el establecimiento de variables, indicadores y referentes empíricos para captar información. Se emplean en forma destacada técnicas de recolección de datos (encuesta, entrevista, observación) sin una base teórica o hipótesis integradora. Se extraen datos de muestras representativas para extrapolarlos a toda la población y cuantificar los distintos aspectos del problema dándole "rigor científico" a los resultados de los estudios. También se busca emplear técnicas sofisticadas para organizar y analizar la información, y comprobar hipótesis (utilización de coeficientes de correlación, pruebas de significancia estadística, etc.). Se deja de lado la reflexión profunda sobre el origen y desarrollo de los fenómenos, ya que las técnicas estadísticas sólo permiten analizar las manifestaciones externas de los fenómenos en una situación estática haciendo abstracción de su devenir histórico. El empirismo no plantea una reflexión sobre la relación sujeto-objeto y sus implicaciones en el proceso de conocimiento.

31. ENCUESTA

Es una técnica que permite obtener información empírica sobre determinadas variables que quieren investigarse para hacer un análisis descriptivo de los problemas o fenómenos. Los instrumentos de la encuesta son el cuestionario y la cédula de entrevista. Encuestar significa, por lo tanto, aplicar alguno de estos instrumentos a una muestra de la población. En ellos se presentan datos generales de la misma: sexo, edad, ocupación, escolaridad, nivel de ingresos, entre otros; y las preguntas que exploran el tema que se indaga, las cuales pueden ser abiertas y/o cerradas, dependiendo del objeto de estudio y de los propósitos de la investigación.

32. ENTREVISTA

Es una técnica que se utiliza para recopilar información empírica "cara a cara", de acuerdo con una guía que se elabora con base en los objetivos del estudio y de alguna idea rectora o hipótesis que orienta la investigación. La entrevista se hace, por lo general, a personas que poseen información o experiencias relevantes para el estudio. Las preguntas tienden a ser generales y se formulan por lo regular de manera abierta a fin de obtener datos en forma amplia y profunda. La información se registra en el mismo instrumento (guía), o en fichas o cuadernos de trabajo. Si se dispone de una grabadora y las circunstancias lo permiten, su empleo resulta de mucha utilidad para captar la mayor información posible.

La información que proporciona la entrevista permite un acercamiento al problema que se estudia y sirve, conjuntamente con los elementos teóricos y empíricos disponibles, para plantear el problema y las hipótesis. La entrevista puede ser estructurada o no estructurada.

Entrevista estructurada

En este tipo de entrevista, el orden en que se plantean las preguntas se encuentra previamente definido, por lo que el entrevistador debe sujetarse al mismo para efectuar la entrevista. Se realiza cuando se dispone de suficiente información sobre el tema objeto de estudio y se conoce el tipo y cantidad de datos que deben captarse para alcanzar los objetivos del estudio. El conjunto de preguntas constituye una guía y se formula con base en una idea rectora, por ejemplo, una hipótesis.

Entrevista no estructurada

El entrevistador tiene una mayor libertad, en comparación con la entrevista estructurada, para poder alterar el orden de las preguntas o formular otras que considere pertinentes para profundizar en la cuestión que se analiza. Por lo general, se carece de suficiente información sobre el tema, o bien la población que se estudia tiene ciertas peculiaridades (recelo por la presencia de gente extraña al grupo, por ejemplo), lo cual obliga a adoptar estrategias en el momento mismo de la entrevista. Aquí la experiencia del entrevistador adquiere gran importancia para obtener la mayor información posible y con el mayor grado de objetividad.

Al igual que en la entrevista estructurada, las preguntas que se formulan deben tener una base, es decir, una idea o hipótesis, aunque sea rudimentaria, a fin de que la información que se recopile sea de utilidad para el estudio.

33. EQUIPO INTERDISCIPLINARIO

Es un grupo de personas de distintas profesiones que se reúnen en forma independiente o bajo el patrocinio de una institución, con el objeto de estudiar los fenómenos o problemas de una manera más completa y profunda. La integración de diversos enfoques, teorías, métodos y procedimientos de análisis evita la parcialización del objeto de estudio a fin de comprender éste en su devenir histórico, en sus múltiples relaciones y aspectos. Con esto se busca alcanzar una visión integradora de los fenómenos mediante el descubrimiento de sus causas y efectos, así como de las modalidades que adoptan en determinado momento. La conformación de un equipo interdisciplinario representa un gran problema por la presencia de distintas formaciones profesionales, posturas ideológicas, experiencias, conocimientos, intereses y expectativas que tienen los integrantes del equipo.

34. ERROR DE MUESTREO

Es la diferencia entre los datos o medidas obtenidos para la muestra (estadísticos) y las medidas de la población respectiva (parámetros). Mientras mayor sea el tamaño de la muestra menor será el error de muestreo, de tal modo que cuando se analiza toda la población, por ejemplo a través de un censo, dicho error desaparece.

35. ESTADÍSTICA

Es un conjunto de técnicas que auxilian al investigador en el análisis de la información empírica. La estadística permite resumir las características de una población, por ejemplo, el ingreso, mediante el empleo de porcentajes, de medidas de tendencia central (media aritmética, modo, mediana) y de dispersión (desviación estándar, coeficiente de variabilidad). También permite comprobar la existencia de relaciones empíricas entre los fenómenos (hipótesis empíricas) mediante el empleo de coeficientes de asociación y correlación y pruebas de significación.

Asimismo, la estadística sirve para analizar la tendencia de determinados fenómenos y para hacer extrapolaciones retrospectivas o previsoras de su comportamiento, a través, por ejemplo, del análisis de regresión. La estadística permite también seleccionar muestras a partir de las cuales se pueden hacer inferencias para las poblaciones de donde se obtuvieron. La estadística se ha dividido en descriptiva e inferencial o inductiva; ambas se complementan. Por ejemplo, se puede realizar un análisis descriptivo con los datos de una muestra.

36. ESTADÍSTICO

En estadística se conoce con tal término a las características o medidas que se obtienen de la muestra, las cuales no corresponden exactamente a las de la población de donde se obtuvo la muestra. Existe, por tanto, una diferencia entre los datos o medidas de la muestra con respecto a la población que se conoce como error de muestreo.

37. ESTUDIO DE CASO

Es un procedimiento que permite centrar la atención en alguna institución o persona que se considera típica o que se elige de manera intencional, para obtener información amplia y profunda y conocer con detalle los diversos aspectos, manifestaciones y situaciones que ha tenido o tiene el caso que se estudia. Para ello se utilizan la entrevista, la observación y el análisis de documentos.

El estudio de caso permite, bajo determinadas circunstancias, generalizar para otros casos aquellas situaciones o elementos que se consideran comunes.

38. ESTUDIO DIACRÓNICO

En este tipo de estudio se analiza el problema o fenómeno en su desarrollo histórico y con una visión de conjunto, a fin de: establecer las causas verdaderas que lo originan; la manera como se manifiesta en el proceso de su desenvolvimiento histórico; las relaciones que establece con otros fenómenos dentro del contexto social en que se ubica; y las implicaciones o consecuencias que tiene en el futuro como resultado de su dialéctica interna.

39. ESTUDIO EXPLORATORIO

Se refiere a un primer acercamiento que el investigador tiene con el problema o fenómeno que estudia, con el objeto de realizar un análisis descriptivo del mismo y contar con elementos para precisar los problemas y elaborar y concretar las hipótesis y los objetivos del estudio así como afinar el plan general de la investigación. El contacto con el objeto de estudio puede hacerse por diferentes vías: observación directa y observación indirecta (por ejemplo, entrevista a informantes clave), y por medio del análisis preliminar de documentos diversos que traten sobre el tema.

40. ESTUDIO SINCRÓNICO

En este tipo de estudios se analiza el problema o fenómeno en un determinado momento histórico, dejando de lado sus causas y manifestaciones anteriores. Centra el interés en el estudio de las formas y relaciones de los fenómenos que se establecen en un periodo específico, sin considerar su realidad histórica. En este tipo de estudios pueden exponerse los antecedentes históricos del problema para ubicarlo en el periodo que se estudia; sin embargo, el centro de atención será siempre el ámbito temporal que se elige y en el que se investigan en forma intensiva las manifestaciones, aspectos y relaciones del fenómeno o problema.

41. EXPERIMENTO

En términos generales, en una observación planeada y controlada que se encuentra apoyada en una teoría o hipótesis con el fin de descubrir las causas o efectos de determinados fenómenos. El experimento clásico requiere de dos grupos, uno de control o testigo y el otro que asume el carácter de grupo experimental. En este último se introduce o elimina la variable que se supone es la causa del fenómeno. Hay experimentos prospectivos y retrospectivos. En los primeros se pretende a partir del conocimiento de las causas conocer los efectos; en los segundos se busca descubrir las causas considerando los efectos.

42. EXPLICACIÓN CIENTÍFICA

Es el establecimiento de las causas que originan los fenómenos, la determinación de las formas que éstos adoptan en determinado momento o durante el transcurso del tiempo, o el señalamiento, de los efectos que tiene un fenómeno en una situación o contexto históricamente determinado. La explicación científica se logra cuando se basa en una teoría y se utilizan procedimientos adecuados y precisos.

43. FICHA DE TRABAJO

Es una tarjeta, cuyas medidas son de 20 X 12.5 cms., en la que se concentra la información proveniente de: libros, revistas, periódicos, documentos públicos y privados, y cualquier testimonio histórico. Que permite también concentrar información que se recopila a través de técnicas como la observación directa y la entrevista.

La ficha de trabajo sirve para organizar y sistematizar la información sobre determinado tema. Su importancia radica en que no sólo se utiliza para anotar citas textuales de libros y revistas o para sintetizar o presentar datos provenientes del trabajo de campo, sino que se emplea también para ir almacenando las ideas o datos sobre el tema, convirtiéndose entonces en la *memoria* del investigador.

En la parte superior de la ficha se escribe el tema que se investiga; si se trata de fichas para obtener información de fuentes documentales (libros, revistas, etc.), se pone el nombre del o de los autores, comenzando por el apellido, y después el título de la obra o artículo y la página de donde se obtuvo la información. En caso de que la ficha de trabajo concentre información proveniente de la observación o de entrevistas, es necesario señalar el lugar o grupo observado o la persona entrevistada, así como la fecha en que se obtuvo la información.

La ficha de trabajo permite al investigador exponer sus puntos de vista sobre el tema, las críticas o comentarios a planteamientos de los autores que analiza, o relacionar la información que se presenta en una obra con la que se encuentra en otro libro (para comparar datos de distinta fuente sobre un mismo rubro).

44. FICHA MAESTRA

Es una tarjeta cuyo tamaño es convencional (puede ser de 20 X 12.5 cms.). En ella se concentran los títulos de las obras que contienen información, ideas o conceptos sobre determinado tema. Este procedimiento permite encontrar rápidamente los datos que se necesitan según los requerimientos de la investigación.

Para elaborar una ficha maestra se debe primero hacer una revisión general de cada libro o revista que trate sobre el tema objeto de estudio; después se subrayan aquellos párrafos que, de acuerdo con una lectura inicial, contengan material importante para nuestro estudio. Hecho esto, se escribe en la ficha el nombre del autor, el título de la obra o artículo (incluyendo en este caso el nombre de la revista y el número) y después las páginas en donde se encuentra la información.

Cuando el investigador elabora, por ejemplo, su marco teórico y conceptual, y desea manejar información sobre la explotación infantil en México, recurre a la ficha maestra en la que previamente concentró las obras que contienen información al respecto. La lectura del texto se vuelve más fácil, ya que en la primera lectura que se hizo para ubicar la información se subrayaron los párrafos más importantes. De esta manera se evita transcribir todas las ideas o información a fichas de trabajo, pues el investigador toma directamente del libro o revista la información, con lo cual ahorra tiempo (para mayor información, véase R. Rojas Soriano, *Métodos para la investigación social*, Cap. VI).

45. FUNCIONALISMO

El funcionalismo centra su atención en el análisis de los grupos e instituciones sociales en una situación de estabilidad y orden. Concibe la sociedad (capitalista) como un sistema definitivo, es decir, no susceptible de transformarse radicalmente. El interés principal radica en analizar las funciones que tienen asignadas los distintos grupos e instituciones y la forma en que contribuyen al mantenimiento de la sociedad mediante la consecución de fines particulares que permitan alcanzar metas que se consideran comunes para el conjunto social. Las situaciones perturbadoras del orden social son vistas como tensiones o disfunciones fortuitas o pasajeras. Se acepta el cambio de alguna parte del sistema para permitir su funcionamiento. Los estudios son, por lo general, de tipo sincrónico y las hipótesis que se plantean son fundamentalmente empíricas.

46. FUENTE DE INFORMACIÓN

Son aquellas instituciones que por su situación legal, estructura, organización y objetivos o aquellas personas que por sus conocimientos y experiencias, o por tener todas o algunas de las características que se estudian, pueden proporcionar materiales teóricos, empíricos o históricos para llevar a cabo la investigación. Algunas fuentes de información son los centros de información y documentación, la biblioteca, la hemeroteca, los archivos públicos y privados, los informantes clave o las personas seleccionadas para el estudio.

47. GRUPO CONTROL Y GRUPO EXPERIMENTAL

Ambos grupos se utilizan para comprobar una hipótesis por medio de un experimento. El grupo control sirve para medir los efectos de variables aleatorias o circunstancias no controladas. La suma de todas las influencias se restan a los valores que adquiere el grupo experimental en el que se introduce la variable experimental. La diferencia mostrará la verdadera influencia de esta última variable (también se le conoce como variable independiente). Por ejemplo, para demostrar la validez de un nuevo procedimiento de enseñanza-aprendizaje, se divide un grupo de alumnos en dos. En uno de ellos se continúan utilizando los métodos tradicionales (grupo control) mientras que en el otro se aplica el nuevo procedimiento, es decir, la variable experimental. Dado que no es un experimento de laboratorio, el grupo control, al igual que el experimental, están sujetos a influencias externas. Para conocer éstas se emplea el grupo control. En el caso de un experimento de laboratorio donde el grupo control está exento de influencias ajenas y el grupo experimental sólo está sujeto a la variable experimental, aquél sirve para medir directamente la influencia de la variable experimental.

Sin embargo, en el experimento social a que hacemos referencia se procede de otra forma para medir la influencia de la variable objeto de estudio. Supóngase que el rendimiento escolar mejoró en el grupo experimental (en el que se introdujo el nuevo procedimiento) en un 60°/o en tanto que en el de control sólo alcanzó un 15°/o debido a factores distintos de la variable experimental (por ejemplo estímulos familiares). Como estos últimos factores están presentes también en el grupo experimental, es necesario restarlos utilizando para ello los valores que tales factores adquieren en el grupo control. De esta forma, la verdadera influencia de la variable experimental es de 60 menos 15, igual a 45%.

El grupo control y el experimental deben poseer las mismas características. Para ello se utilizan algunos procedimientos. Se recurre al muestreo para elegir en forma aleatoria dos muestras de una misma población, o a través del método de "aparejamiento" que consiste en buscar para cada individuo del grupo control un individuo que posea similares características a las de aquél y que formará parte del grupo experimental.

48. HIPÓTESIS

Es aquella formulación que se apoya en un sistema de conocimientos organizados y sistematizados y que establece una relación entre dos o más variables para explicar y predecir, en la medida de lo posible, los fenómenos que le interesan en caso de que se compruebe la relación establecida. Puede haber, en términos generales, tres tipos de hipótesis: hipótesis descriptivas que involucran una sola variable; hipótesis descriptivas que relacionan dos o más variables en forma de asociación o covarianza; e hipótesis que relacionan dos o más variables en términos de dependencia.

Las fuentes de las hipótesis pueden ser: de la teoría, o sea, del sistema de conocimientos debidamente organizados y sistematizados; de la observación directa de hechos o fenómenos particulares y sus posibles relaciones; o de la información empírica disponible. En la práctica, las hipótesis pueden surgir de dos o más fuentes a la vez.

49. HIPÓTESIS CENTRAL

Es la hipótesis rectora en una investigación a partir de la cual se derivan hipótesis específicas que guían el proceso concreto de investigación. La hipótesis central recibe también el nombre de hipótesis teórica porque hace referencia a las relaciones y aspectos fundamentales de los fenómenos. La comprobación de la hipótesis central se realiza a través de la corroboración de las hipótesis particulares que se desprenden de aquélla.

50. HIPÓTESIS DE TRABAJO

Es la respuesta o explicación preliminar que se da a un problema. Este tipo de hipótesis permite avanzar en el desarrollo de la investigación ya que sirve de idea rectora para iniciar el proceso investigativo. En determinado momento, pueden ajustarse, enriquecerse o cambiarse en consonancia con los nuevos hallazgos teóricos y empíricos. Cuando la hipótesis se ha fundamentado adecuadamente en los marcos de la teoría científica y considerando los datos que aporta la realidad concreta en la que va a comprobarse, se denomina hipótesis científica.

51. HIPÓTESIS EMPÍRICA

Es la relación que se establece entre dos o más variables y expresa los aspectos y vínculos externos de los fenómenos que se estudian. A partir de las hipótesis empíricas —que son básicamente descriptivas— pueden plantearse hipótesis más completas y con un mayor contenido teórico que expliquen las relaciones que se dan en aquéllas.

Las hipótesis empíricas pueden comprobarse a través de información que se obtiene de encuestas, observaciones, entrevistas, censos, etc. Por ejemplo: "mientras mayor es la desnutrición de los obreros, mayor será la probabilidad de que sufran enfermedades y accidentes de trabajo". A partir de esta hipótesis, que vincula fenómenos susceptibles de observarse directamente o conocerse mediante el análisis de estadísticas y expedientes

clínicos, pueden plantearse hipótesis más profundas que englo-
ben a dicha hipótesis, es decir, que la expliquen.

52. HIPÓTESIS OPERACIONAL

Es la hipótesis que se deriva —a través de un proceso deductivo—
de hipótesis teóricas o más generales. La hipótesis operacional
contiene los elementos (indicadores, referentes empíricos) suficientes y necesarios para dirigir la observación y medición de los
fenómenos a través de las técnicas que se consideran idóneas y
del diseño de instrumentos adecuados y precisos. Es importante
señalar que la selección de indicadores está en función del marco
teórico en que se apoya la investigación.

53. IDEOLOGÍA

Es el conjunto de valores, ideas, representaciones y prejuicios
que se tienen acerca del mundo y la sociedad, y que guían la
práctica social de los hombres. La ideología surge del medio
social en que viven y trabajan los individuos y se materializa en
prácticas concretas. Pueden existir ideologías conservadoras que
busquen mantener las relaciones sociales dominantes o ideologías revolucionarias que propugnen por la transformación de la
sociedad capitalista.

54. INDICADOR

Representa un ámbito específico de una variable o de una dimensión de ésta; se le define también como una expresión concreta
de la realidad y sirve para observar y/o medir cierto fenómeno
o variable. Para una misma variable habrán indicadores que sean
más complejos que los demás. Cuando éstos son complejos pue-

151

den, a su vez, medirse por medio de subindicadores, por lo que tales indicadores se convierten en variables y los subindicadores alcanzan el rango de indicadores. Ejemplo:

Subdesarrollo   (variable)
· desnutrición   (indicador)
· analfabetismo   (indicador)
· deterioro de
  la vivienda   (indicador)

Para medir este último indicador se utilizan subindicadores: promedio de habitantes por vivienda; servicios públicos disponibles; muebles y aparatos con que cuenta la vivienda; materiales de que están hechos los pisos, paredes, techos.

55. ÍNDICE

Es una medida que permite resumir los aspectos más importantes de un fenómeno u objeto a fin de permitir su comparación con otros casos de la misma naturaleza. Para construir un índice se tiene que: 1. definir el objeto-índice; 2. obtener indicadores del objeto-índice; 3. dar un valor numérico a cada indicador; 4. combinar los distintos indicadores y obtener un promedio que representa el índice. Elaborar índices significa, pues, cuantificar las distintas dimensiones de los fenómenos u objetos con el propósito de facilitar el análisis comparativo. Por ejemplo, para conocer el índice *costo de la vida* se define en primer lugar este concepto; con base en dicha definición se eligen los indicadores más representativos (alza en los precios de productos básicos, por ejemplo); después se asigna un valor a cada indicador de acuerdo con una escala previamente elaborada. Se suman los valores y se divide entre el número de ellos. El valor del índice varía entre -1 y $+1$.

56. INDUCCIÓN

Es el método que parte de la observación y análisis de hechos o casos particulares para establecer generalizaciones (hipótesis, leyes y teorías) a fin de rebasar el ámbito reducido en que se inicia el estudio. Así el análisis de una muestra permite hacer inferencias para la población de donde se obtuvo.

57. INFORMACIÓN PRIMARIA

Son los datos que el investigador obtiene al relacionarse directamente con los problemas que estudia. Para recopilar la información se utilizan técnicas e instrumentos seleccionados y/o diseñados por él o su equipo de trabajo.

El tipo y cantidad de información primaria que se obtiene está de acuerdo con los objetivos propuestos en el proyecto de investigación. La información primaria se utiliza conjuntamente con la información secundaria para plantear el problema y las hipótesis de investigación. La información primaria se convierte en información secundaria cuando la emplean otros investigadores para realizar sus respectivos proyectos.

58. INFORMACIÓN SECUNDARIA

Son los datos sobre el problema que obtuvieron personas o instituciones diferentes a las que efectúan el trabajo de investigación. La información recopilada en otros estudios es de gran utilidad para: a) iniciar un acercamiento al problema; b) fundamentar el planteamiento del problema y las hipótesis; c) probar hipótesis empíricas cuando se carece de tiempo o no se cuenta con los recursos necesarios para obtener información primaria. Se puede considerar información secundaria la que proporcionan los censos y las diversas estadísticas sobre problemas nacionales; los informes y reportes de autoridades; las encuestas y los resultados de experimentos realizados para otros estudios; la información contenida en los archivos públicos y privados; los expedientes de los hospitales, etc. Para utilizar este tipo de información es necesario que el investigador analice cuidadosamente la forma en que se recopiló la información, a fin de determinar si corresponde a la realidad objetiva de la que se obtuvo.

59. INFORMANTE CLAVE

Reciben este nombre aquellas personas que por su ubicación en la estructura y organización de la comunidad o grupo que se estudia o por sus conocimientos y experiencias sobre el tema objeto de análisis pueden proporcionar información relevante sobre el asunto que se investiga. Por ejemplo, los profesores, los sacerdotes, los médicos, las autoridades civiles o ejidales, los líderes naturales y representantes legales de distintas organizaciones.

60. INFORME DE INVESTIGACIÓN

Es el resumen que se realiza de los diferentes aspectos de la investigación para difundir los resultados del trabajo o para entregarlo a los patrocinadores del proyecto de investigación. El informe debe contener los elementos más importantes que permitan la comprensión del proceso que llevó a las conclusiones y sugerencias. En el informe se incluye por lo general: 1. el tema o título del trabajo; 2. la justificación del estudio; 3. el planteamiento del problema y el marco teórico-conceptual; 4. los objetivos de investigación; 5. las hipótesis; 6. las técnicas e instrumentos utilizados para recolectar la información (se recomienda que se presenten en un apéndice para no entorpecer la lectura del material); 7. el análisis de la información, en el que se exponen los hallazgos más importantes y los resultados de la prueba de las hipótesis; 8. las conclusiones, sugerencias y recomendaciones concretas. Este último punto es sumamente importante en la investigación aplicada.

El informe de investigación debe ser relativamente corto y, dependiendo de la naturaleza del estudio, se sugiere que no rebase las 50 cuartillas a doble espacio. En el informe debe mencionarse con claridad y precisión la forma de obtener mayores datos de los distintos capítulos del mismo. Para ello deben anexarse los materiales completos del trabajo de investigación. Importa subrayar la importancia de lograr una redacción clara y amena que facilite la lectura del texto.

61. INVESTIGACIÓN-ACCIÓN

Es el método de investigación a través del cual se conocen de una manera más amplia y profunda los problemas presentes en determinada comunidad o grupo social a fin de influir en su solución. En este proceso de conocimiento y de cambio están presentes los miembros de la comunidad con los que el investigador interactúa en forma permanente y directa, ya que éste se vincula de manera integral al grupo social con el que comparte sus problemas y necesidades, analizando y discutiendo con sus miembros las dificultades o problemas existentes, las prioridades y las estrategias a seguir. Este tipo de investigación implica una ideología comprometida con el cambio social a fin de mejorar las condiciones de vida y de trabajo de la clase trabajadora. El lema en que se apoya la investigación-acción es el de conocer científicamente la realidad (a través de la investigación) a fin de transformarla (mediante la práctica social).

A este método se le conoce también como método de estudio-acción o investigación militante.

62. INVESTIGACIÓN APLICADA

Es el proceso de conocimiento en el que el interés primordial radica en buscar información fundamentalmente empírica sobre problemas que surgen en el ámbito institucional a fin de plantear alternativas de solución. Los resultados de la investigación aplicada permiten realizar un diagnóstico de la situación o problema estudiado, y sirven para dirigir el proceso administrativo (planeación, organización, dirección, control).

63. INVESTIGACIÓN CIENTÍFICA

Es la actividad intelectual y práctica debidamente estructurada que se apoya en teorías e hipótesis, y utiliza técnicas e instrumentos de recolección y análisis de datos con el propósito de conocer objetivamente las causas y consecuencias o las modalidades que adoptan los fenómenos en determinado momento o durante el transcurso del tiempo.

64. INVESTIGACIÓN DIRECTA O DE CAMPO

Es la que se planea, organiza y dirige para captar información de la realidad empírica que se estudia. Se utilizan diversas técnicas de recolección de datos, según sean las características del objeto de estudio, las hipótesis y objetivos y la disponibilidad de tiempo, personal y de recursos económicos y materiales. La investigación directa se apoya en la investigación documental, y la información que se obtiene en aquélla se convierte con el tiempo en fuente documental para nuevas investigaciones.

65. INVESTIGACIÓN DOCUMENTAL

Es la que utiliza materiales provenientes de libros, revistas, periódicos, documentos públicos y privados o de otras fuentes para realizar una investigación teórica, apoyar una investigación directa, redactar una monografía o un informe.

66. INVESTIGACIÓN EMPÍRICA

Este tipo de investigación tiene como fin primordial captar información relevante para un análisis descriptivo del problema o situación social que se estudia. Las hipótesis que aquí se manejan se refieren a los aspectos inmediatos y externos de los fenómenos. Por lo general, se carece de una teoría en donde se encuadre el proceso de investigación. En algunos casos se establece un marco conceptual, derivado de la revisión de algunos textos que tratan sobre el asunto o de la sistematización de experiencias e información empírica disponible.

En la investigación empírica se privilegia el empleo de técnicas de recopilación de datos a partir de a) muestras de la población que se estudia; b) informantes clave; c) encuestas; d) estudio de casos; e) experimentos sobre el terreno. Se destaca también la utilización de técnicas estadísticas y procedimientos matemáticos para diseñar la muestra y analizar la información.

La investigación empírica es de gran utilidad cuando se quieren realizar diagnósticos sobre determinados problemas a fin de formular planes y programas de acción. A veces se le denomina investigación aplicada.

67. INVESTIGACIÓN TEÓRICA

En este tipo de investigación se trata de descubrir lagunas en el conocimiento existente; desarrollar o profundizar las implicaciones que tiene determinada teoría; clarificar conceptos; derivar consecuencias teóricas de planteamientos más generales a través de un proceso deductivo. También el investigador puede partir del acervo de conocimientos teóricos disponibles sobre la materia de su interés para plantear hipótesis que pueden referirse a aspectos concretos de la teoría.

Rara vez una investigación teórica se desarrolla en forma pura, alejada de la realidad concreta. En determinado momento de la investigación se hace referencia, directa o indirectamente, a algún aspecto o ámbito de la realidad sobre la que trata la teoría.

A partir de la investigación teórica se han desarrollado diversos aspectos de una teoría y se han podido establecer proposiciones concretas que guíen las investigaciones directas o empíricas.

68. INTERPRETACIÓN DE LA INFORMACIÓN

Es el proceso mental mediante el cual se trata de encontrar un significado más amplio a la información recabada en la investigación documental y/o de campo. La información se ubica dentro del contexto teórico y conceptual utilizado para realizar el estudio y dentro del cual se plantearon el problema y las hipótesis. De esta manera, los hallazgos se ligan con los conocimientos que sirvieron de base para iniciar la investigación. Es necesario destacar que tanto el análisis como la interpretación de la información deben realizarse de acuerdo con los lineamientos fijados en el marco teórico y conceptual de referencia. Por lo tanto, debe evitarse que los datos empíricos se interpreten con otros enfoques, esquemas o definiciones de conceptos distintos a los que se manejaron en el marco teórico-metodológico en que se apoya la investigación.

El análisis y la interpretación de los datos permitirán, por lo tanto, regresar al planteamiento del problema, al marco teórico y a las hipótesis, con el objeto de identificar los puntos de concordancia o discordancia entre la discusión elaborada con los elementos teóricos y conceptuales y la realizada con los datos extraídos de la realidad concreta. Ambos procesos —análisis e interpretación— se dan en forma prácticamente simultánea.

69. JUSTIFICACIÓN DEL ESTUDIO

Es la exposición de motivos por los que se realiza determinada investigación. El contenido de la justificación debe responder a las preguntas *por qué* surge la investigación y *para qué* se utilizarán los resultados de la misma. En la justificación está presente, explícita o implícitamente, la ideología del investigador y/o de los responsables del proyecto.

70. LEY

Es un enunciado que permite explicar y predecir —en la medida en que lo permitan las características del objeto de estudio y el desarrollo de la ciencia particular— las causas y tendencias de determinados fenómenos en el transcurso del tiempo. La ley es una hipótesis debidamente comprobada en la realidad concreta y que se encuentra vinculada a una teoría dentro de un campo específico de la ciencia.

Existen leyes teóricas y leyes empíricas. Las primeras se refieren a los aspectos más generales y fundamentales de los procesos de la realidad y permiten descubrir la esencia de los fenómenos, es decir, las verdaderas causas; este tipo de leyes explican a las leyes empíricas, ya que éstas se refieren a las relaciones externas o fenoménicas y su ámbito de aplicación es más reducido que el de las leyes teóricas.

Ley teórica

> *Cuanto mayores son la riqueza social*, el capital en funciones, el volumen y la intensidad de su crecimiento y *mayores también*, por tanto, *la magnitud absoluta del proletariado y la capacidad productiva de su trabajo*, tanto mayor es el ejército industrial de reserva.[7]

[7] K. Marx, "Ley general de la acumulación capitalista, *El capital*, Volumen I, p. 546, México, F.C.E., 1973.

159

Ley empírica

El más leve cambio operado en los precios de los medios de vida más indispensables hace cambiar la cifra de las defunciones.[8] En otros términos, podemos decir que "mientras mayor sea el índice de inflación en un país, mayor será la tasa de mortalidad".

71. LEY ESTADÍSTICA

Es una formulación que establece relaciones entre hechos empíricos y cuyos pronósticos son de carácter probabilístico, por ejemplo: la aplicación de x técnica didáctica tiene un 80% de probabilidad de facilitar el proceso de enseñanza-aprendizaje a nivel medio superior.

72. MARCO CONCEPTUAL

Es el conjunto de conceptos utilizados en una investigación que sirven, concretamente, para plantear el problema y las hipótesis.

Los conceptos se definen con el propósito de dar a conocer su significado o la forma como se emplean en determinada investigación.

El marco conceptual se elabora con base en la información teórica disponible y/o mediante la sistematización de las experiencias existentes. Sirve para orientar el proceso de investigación cuando se carece de una teoría adecuada para tratar el problema.

73. MARCO DE MUESTRA

Es el listado del total de personas, documentos, instituciones u

---

8 K. Marx, *El capital*, Volumen I, p. 571, F.C.E., 1973. México.

objetos a partir del cual se determina el tamaño de la muestra y se seleccionan los elementos que se incluirán en la misma.

74. MARCO TEÓRICO Y CONCEPTUAL

Es la exposición organizada de los elementos teóricos generales y particulares, así como la explicitación de los conceptos básicos en que se apoya la investigación (los cuales forman parte de las teorías), con el objeto de comprender las relaciones y aspectos fundamentales de los fenómenos y procesos de una parcela determinada de la realidad.

El marco teórico y conceptual permitirá orientar el proceso de investigación, concretamente el planteamiento del problema y la elaboración de las hipótesis. Esto es así ya que los problemas e hipótesis se plantean de acuerdo con determinados conceptos que pertenecen a la teoría en que se apoya la investigación.

El marco teórico y conceptual es la puerta de acceso para el conocimiento objetivo de la realidad concreta, ya que permite ubicar los problemas objeto de estudio en su exacta dimensión al señalar los elementos teóricos más sobresalientes para comprender su situación actual, el modo en que se desenvuelve, las características que adopta en cierto momento y durante el transcurso del tiempo, así como sus causas y consecuencias y las vinculaciones significativas que tiene con otros fenómenos de la realidad. En el marco teórico y conceptual se presenta la definición de los conceptos centrales que guiarán el desarrollo de la investigación, ya que la forma en que se definan condicionará la observación de la realidad, de acuerdo con el planteamiento del problema y de las hipótesis.

Los conceptos pueden definirse al exponer los aspectos teóricos en que se apoya la investigación, o hacerse a pie de página o en un glosario al final del capítulo.

Puede decirse que el marco teórico y conceptual representa la posición teórica del investigador con base en el cual plantea el problema y centra la búsqueda de respuestas a las interrogantes que formula.

75. MÉTODO CIENTÍFICO

Es el conjunto de postulados, reglas y procedimientos generales y específicos que guían la investigación científica y permiten obtener un conocimiento objetivo de la realidad concreta.

Los elementos del método científico los expresamos en un apartado de la primera parte. Tales planteamientos se concretan en la práctica científica, según sean las características del objeto de estudio, los objetivos de la investigación, el lugar en que trabaja el investigador, el personal, los recursos económicos y materiales y el tiempo disponibles. El método científico no es, pues, un producto acabado; siempre cabe la posibilidad de enriquecerlo o ajustarlo según sean las exigencias que la realidad impone al proceso de investigación.

76. MÉTODO DIALÉCTICO

Es el método que se basa en las leyes y categorías del materialismo dialéctico a fin de reproducir teóricamente los aspectos y relaciones esenciales de la realidad objetiva. El método dialéctico representa una concepción del mundo que guía el proceso de apropiación de los fenómenos concretos. Los principios en que se apoya son: 1. la realidad objetiva existe independientemente de la conciencia y con anterioridad a ésta; 2. la realidad se encuentra en permanente cambio y desarrollo. Pueden haber cambios sustanciales o secundarios; es decir, cambios cualitativos o cuantitativos; 3. los fenómenos de la realidad se desarrollan por el automovimiento que resulta de la contradicción de los elementos o aspectos esenciales que existen en todos los fenómenos, procesos u objetos del universo; 4. la realidad se presenta en distintos niveles. El externo o fenoménico es el que podemos observar directamente. El método dialéctico busca penetrar en la esencia de los procesos, es decir, descubrir sus verdaderas causas y las formas de su desarrollo. Parte del conocimiento del fenómeno (que representa sólo una expresión limitada de la realidad) para llegar a la esencia, a las leyes que rigen el origen y desenvolvimiento de los fenómenos.

El método dialéctico se utiliza tanto como medio para conocer objetivamente la realidad como para dirigir su transformación. Los diversos métodos que se utilizan en las ciencias (como el análisis y la síntesis; la inducción y la deducción) así como los procedimientos particulares, se subordinan al método dialéctico que implica una posición filosófica —es decir— una concepción de la realidad. Al método dialéctico también se le conoce como método materialista dialéctico o método marxista.

Cuando el método dialéctico se emplea para estudiar los fenómenos sociales recibe el nombre de método del materialismo histórico.

77. MONOGRAFÍA

Es un trabajo de investigación relativamente corto sobre un tema que puede no ser original y que se apoya en materiales de índole documental, principalmente. Para elaborar una monografía los materiales de consulta que se utilizan son poco numerosos. La monografía permite iniciarse en la investigación y pone un mayor acento en el aspecto descriptivo; puede servir de base para escribir un artículo científico.

78. MUESTRA PILOTO

Es una parte de la población en la que se prueban las técnicas e instrumentos de recolección de datos antes de su aplicación definitiva. Esto permite revisar la consistencia de los procedimientos o ajustarlos a fin de obtener información válida y confiable. Este tipo de muestras son, por lo general, no aleatorias.

79. MUESTREO

Es el procedimiento estadístico que permite analizar las características que presenta una situación o fenómeno en una parte de la población llamada muestra. A partir de ésta se hacen inferencias para toda la población, de acuerdo con los niveles de precisión y confiabilidad establecidos previamente. El muestreo busca responder a dos preguntas básicas: a quiénes se encuestarán, entrevistarán u observarán (elección de los integrantes de la muestra) y a cuántas personas (tamaño de la muestra). Hay dos tipos de muestreo: el probabilístico y el no probabilístico.

80. OBJETIVOS DE INVESTIGACIÓN

Son los señalamientos que guían el desarrollo de la investigación, con el propósito de alcanzarlos al término de ésta. Con base en los objetivos se planea el proceso de investigación en sus diferentes etapas, por lo que constituyen un marco que sirve para la toma de decisiones en el proceso de investigación. Los objetivos se ajustan o alteran a medida que se avanza en el proceso de conocimiento y se obtienen mayores datos teóricos y empíricos sobre el problema que se estudia.

Los objetivos de investigación están en función del nivel de análisis, de los recursos y el tiempo disponibles y de las posiciones ideológico-políticas del investigador y de los responsables del proyecto. Los objetivos deben formularse en forma clara y precisa, y si tienen un carácter general deben desglosarse en objetivos específicos, por ejemplo: conocer las causas y las formas que adopta la marginación política en la ciudad de México. De este objetivo pueden derivarse otros más precisos:

164

Determinar las causas fundamentales de la marginación de los habitantes en la elección de las autoridades delegacionales.

Precisar las manifestación que adopta la marginación de los habitantes en las decisiones de las delegaciones políticas del DF.

81. OBJETO DE ESTUDIO

Son los procesos, fenómenos o problemas históricamente determinados, o los problemas teóricos, metodológicos y técnicos que se consideran sujetos de investigación científica por convenir así a los intereses de algún miembro, grupo o institución de la sociedad.

82. OBSERVACIÓN CIENTÍFICA

Es el proceso dirigido a percibir determinados aspectos de la realidad objetiva, utilizando para ello teorías e hipótesis y aplicando técnicas e instrumentos adecuados y precisos para recabar información empírica y presentar un panorama de los aspectos y relaciones de los fenómenos que se consideran básicos para construir el conocimiento científico.

83. OBSERVACIÓN ORDINARIA O NO PARTICIPANTE

Esta técnica permite la observación de los fenómenos existentes en una comunidad o grupo *desde fuera*, buscando que sus miembros observados no se percaten de ello. El investigador, en este caso, no se involucra con el grupo estudiado ya que no comparte sus experiencias, expectativas o sentimientos; sólo busca captar la información necesaria y pertinente para efectuar su análisis. Para ello utiliza una guía de observación y fichas de trabajo en las que escribe los datos más relevantes. El tiempo designado a la observación es limitado, siendo en muchos casos los fines de semana o días especiales en los que acontece el evento que quiere observarse. Este tipo de observación se utiliza cuando el grupo social presenta problemas para aceptar gente "de fuera", y sirve para tener una idea general del asunto que quiere investigarse. Sus desventajas residen en que, por la brevedad de las observaciones y el no participar en las actividades de la comunidad, pueden escaparse hechos significativos para comprender en forma más profunda y objetiva determinada situación o fenómeno.

84. OBSERVACIÓN PARTICIPANTE

Es la observación de los fenómenos que el investigador hace desde *dentro de la comunidad*; en este tipo de observación el investigador se integra a las diferentes actividades que desarrollan los miembros del grupo observado (por ejemplo, asiste a las reuniones formales e informales: misa, asamblea de vecinos, reuniones familiares, etc.). Para recabar la información requerida se utiliza una guía de observación y fichas de trabajo en donde se escriben datos y experiencias. Si las circunstancias lo permiten, es aconsejable llevar una cámara fotográfica y una grabadora.

La ventaja de este tipo de observación en comparación con la observación ordinaria es que permite obtener mayor información, ya que el investigador permanece un tiempo mayor dentro de la comunidad y convive con sus miembros. Sus desventajas residen en que en muchas ocasiones la comunidad o grupo estudiado rechaza a personas que no pertenecen a él por considerarlo un intruso. Las conductas que adoptan pueden no ser las verdaderas, con lo cual la observación proporcionará datos distorsionados de los procesos sociales. La observación participante es de gran utilidad cuando se trata de analizar aspectos que no es

166

posible hacer desde fuera de la comunidad, por ejemplo, la organización social o las relaciones entre sus distintos sectores o miembros.

A diferencia del método de investigación-acción, la observación participante no permite ir más allá de un conocimiento limitado de los fenómenos, ya que el tiempo de permanencia en el grupo observado es insuficiente para llegar a una verdadera compenetración de la problemática de la zona que se estudia; además, la observación participante no pretende llegar a resolver los problemas sociales, pues ello implicaría salir de los marcos teóricos de corte positivista-funcionalista en que se sitúa. Esto no significa que en determinado momento, y bajo ciertas circunstancias objetivas y subjetivas, se pase de una observación participante a una investigación militante a consecuencia de una toma de conciencia por parte de los grupos de investigación; esto implica rebasar los marcos teóricos en que se basa la observación participante y adoptar una ideología comprometida con el cambio social.

85. OPERACIONALIZACIÓN DE LAS HIPÓTESIS

Se le conoce también como reducción de variables, construcción de categorías o deducción de consecuencias verificables. Significa desglosar las variables que componen una hipótesis en aspectos o elementos más concretos que reciben el nombre de indicadores. A partir de esto se obtienen referentes empíricos, es decir, datos concretos del fenómeno que se estudia. Este proceso es necesario realizarlo para comprobar así las hipótesis. La operacionalización implica, pues, traducir las variables —conceptos generales o teóricos— en conceptos empíricos que pueden observarse y/o medirse en la realidad concreta.

Si la hipótesis es compleja es necesario desglosarla (operacionalizarla) en hipótesis más sencillas a fin de proceder a su comprobación empírica. Por ejemplo, de la siguiente hipótesis:

el nivel de cooperación, en un sistema de dirección de la industria socialista, determina la cantidad del sistema de información

se desprenden las siguientes deducciones comprobables empíricamente:

existe una relación entre el grado de calificación y la capacidad para captar o entregar informaciones; existe una relación entre la categoría de la función y la acumulación de información y existe una relación entre la fuente de información y el grado de organización política.[9]

86. PARÁMETRO

En estadística se conoce con tal término a las características o medidas que se obtienen para toda la población.

87. PLAN DE TRABAJO

Es el señalamiento de las actividades teóricas y prácticas que el investigador tiene necesariamente que realizar para alcanzar los objetivos propuestos en su estudio.

88. PLANTEAMIENTO DEL PROBLEMA

Significa exponer los aspectos, elementos y relaciones del problema que se estudia, y que la teoría y la práctica señalan como los fundamentales para llegar a tener una comprensión clara y precisa de las diversas determinaciones y relaciones del problema con la totalidad concreta en la que se encuentra inmerso. El planteamiento del problema se concreta mediante la formula-

[9] Horst Jetzschmann y Horst Berger, *El proceso de la investigación sociológica*, p. 132-133, Editorial de Ciencias Sociales, La Habana, 1978.

ción de preguntas que representan una síntesis del análisis teórico y empírico realizado sobre el problema. A partir de la concreción del problema, mediante preguntas claras y precisas se desarrollará el proceso de conocimiento de las causas o efectos, o de las formas que adquiere el problema en determinado momento o en el transcurso del tiempo, de acuerdo con los objetivos de la investigación.

Cuando el problema es complejo es necesario desglosarlo en problemas específicos. Se plantea, por lo tanto, una pregunta general de la que se derivan preguntas particulares a fin de descomponer el problema principal en sus aspectos concretos.

Los problemas de investigación surgen cuando las leyes o teorías no pueden explicar nuevos fenómenos o algunos aspectos o relaciones de éstos; cuando aparecen dificultades para la obtención del conocimiento, o cuando alguna o algunas instituciones o sectores sociales enfrentan obstáculos para llevar a cabo sus actividades o para alcanzar los objetivos planteados.

Por otro lado, la solución de un problema específico depende muchas veces de la respuesta que se de a otros problemas. Un caso concreto fue el que enfrentó Marx para conocer qué es una clase social:

> Los propietarios de simple fuerza de trabajo, los propietarios de capital y los propietarios de tierra, cuyas respectivas fuentes de ingresos son el salario, la ganancia y la renta del suelo, es decir, los obreros asalariados, los capitalistas y los terratenientes, forman las tres grandes clases de la sociedad moderna, basada en el régimen capitalista de producción.
>
> Es en Inglaterra, indiscutiblemente, donde se halla más desarrollada y en forma más clásica la sociedad moderna, en su estructuración económica. Sin embargo, ni aquí se presenta en toda su pureza esta división de la sociedad en clases. También en la sociedad inglesa existen fases intermedias y de transición que oscurecen en todas partes (aunque en el campo incomparablemente menos que en las ciudades) las líneas divisorias. Esto, sin embargo, es indiferente para nuestra investigación. Ya hemos visto que es tendencia constante y ley de desarrollo del régimen capitalista de producción el establecer un

169

divorcio cada vez más profundo entre los medios de producción y el trabajo, y el ir concentrando los medios de producción desperdigados en grupos cada vez mayores; es decir, el convertir el trabajo en trabajo asalariado y los medios de producción en capital. Y a esta tendencia corresponde, de otra parte, el divorcio de la propiedad territorial para formar una potencia aparte frente al capital y al trabajo, o sea, la transformación de toda la propiedad del suelo para adoptar la forma de la propiedad territorial que corresponde al régimen capitalista de producción.

El problema que inmediatamente se plantea es éste: ¿qué es una clase? La contestación a esta pregunta se desprende en seguida de la que demos a esta otra: ¿qué es lo que convierte a los obreros asalariados, a los capitalistas y a los terratenientes en factores de las tres grandes clases sociales?[10]

89. POBLACIÓN

Es el conjunto de elementos (personas, instituciones, documentos u objetos) que poseen la o las características que resultan básicas para el análisis del problema que se estudia. Por ejemplo, si se realiza un estudio sobre planificación familiar y se desean conocer las opiniones de las mujeres de 20 a 30 años que viven en la ciudad de México, el universo comprendería al total de mujeres en edad fértil, pero la población estaría compuesta sólo por el total de mujeres de 20 a 30 años. Otro estudio podría tomar de aquel universo sólo la población de mujeres de 20 a 25 años que han tenido hijos.

90. POSTULADOS DE LA CIENCIA

Son supuestos en los que se basa el proceso de conocimiento de la realidad objetiva y los cuales se admiten sin que medie prueba alguna, es decir, no necesitan demostración. Por ejemplo: 1. la

10 C. Marx, *El Capital*, Ed. F.C.E., Vol. III, p. 817, cursivas nuestras, 1973.

realidad es objetiva, ya que existe con anterioridad e independencia de la conciencia y la voluntad humanas; 2. la realidad está en continuo cambio, movimiento y transformación, por lo tanto es un proceso y no un conjunto de cosas acabadas; 3. el movimiento, el desarrollo de la realidad objetiva, es producto del automovimiento (movimiento que resulta de la contradicción de sus elementos esenciales) y no por la voluntad de un ser suprasensible; 4. los procesos, objetos y fenómenos se encuentran en relación y dependencia mutuas; existen en un todo interrelacionado; 5. la realidad es cognoscible, esto es, pueden conocerse los diversos aspectos y relaciones de los procesos y objetos del universo.

Pueden existir postulados referidos a una ciencia específica o a un grupo de ciencias.

91. PRÁCTICA CIENTÍFICA

Es el conjunto de actividades intelectuales y manuales, debidamente sustentadas en la teoría y el método científico, que permiten obtener un conocimiento sobre determinado proceso o fenómeno del mundo material. Toda práctica científica es histórica, es decir, se ubica en una realidad social que condiciona la forma en que la práctica se lleva a cabo, aunque, cabe recordarlo, ésta guarda una autonomía relativa respecto de las condiciones sociales existentes.

92. PREGUNTA ABIERTA

Es aquella interrogante que se plantea en un cuestionario, entrevista o cualquier otro instrumento de recolección de datos en la que no se presentan las posibles respuestas para que el entrevistado pudiera elegir la que considera correcta o adecuada. Por ejemplo: ¿cuáles son los principales problemas que enfrenta la comunidad

171

donde vive? La ventaja de este tipo de preguntas es que no encasillan las diversas contestaciones en respuestas señaladas previamente. Se deja, por lo tanto, una mayor libertad para que el encuestado conteste de manera más amplia. Su desventaja estriba en las dificultades que enfrenta el investigador en el momento de cerrar las preguntas ya que existen diversos criterios para ello, aun cuando se prepare al personal que va a encargarse de esta tarea. Por ejemplo, una misma respuesta puede ser ubicada por dos codificadores en distintas categorías.

93. PREGUNTA CERRADA

Es aquella interrogante que se formula en un cuestionario, cédula de entrevista o cualquier otro instrumento de recolección de datos, y que presenta las posibles respuestas, de las que el encuestado o entrevistado escogerá la que considere correcta o adecuada, o con la que esté de acuerdo. Este tipo de pregunta se utiliza cuando se investigan temas sobre los que hay suficiente información para conocer de antemano las respuestas más frecuentes y cuando se espera que éstas no sean numerosas, por ejemplo: ocupación, escolaridad, etc. Su ventaja es la facilidad para trabajar con la información obtenida ya que no se requiere cerrar las preguntas; su desventaja reside en que no permiten proporcionar información amplia y profunda, sobre todo cuando se refieren a temas complejos.

94. PROBLEMA DE INVESTIGACIÓN SOCIAL

El problema percibido socialmente como tal se convierte en problema de investigación social cuando existen personas especializadas (científicos) que, mediante el manejo de elementos teóricos y empíricos y de técnicas e instrumentos adecuados y precisos, pueden desarrollar una investigación teórico-empírica sobre el problema social de que se trate, para conocer sus causas o efectos o las formas que adopta en cierto momento.

95. PROBLEMA SOCIAL

Es una dificultad o situación conflictiva que se percibe como tal por algún sector o institución de la sociedad. En la definición de problema social están presentes los intereses de clase y los de las diversas instituciones del Estado. Por ello, lo que para algunos sectores una determinada situación es considerada como un problema social, puede no ser catalogado como tal por otros miembros de la sociedad.

96. PROCESAMIENTO DE LA INFORMACIÓN

Es el proceso mediante el cual los datos contenidos en los documentos fuente (cuestionarios, cédulas de entrevistas, guías de observación) se organizan de acuerdo a determinados lineamientos o hipótesis a fin de alcanzar los objetivos planteados en la investigación. Los datos brutos recopilados en el trabajo de campo se ordenan y concentran de tal forma que pueden manipularse estadísticamente con el objeto de facilitar el análisis de la información empírica. El procesamiento de los datos puede ser manual, mecánico, mecánico-manual y electrónico.

97. REALIDAD OBJETIVA

Son los procesos, fenómenos o problemas del mundo material que existen independientemente de la conciencia o deseos de los hombres. La realidad objetiva puede conocerse a través de la investigación y se reproduce en nuestro pensamiento mediante conceptos, leyes y teorías que expresan los aspectos, relaciones o elementos fundamentales de los procesos o fenómenos.

98. REDUCCIÓN DEL PROBLEMA

Significa fraccionar la realidad en el pensamiento con el fin de iniciar el estudio intensivo de determinados aspectos y relaciones de los procesos y fenómenos objeto de estudio. La reducción del problema a su núcleo central implica la abstracción de lo esencial, es decir, el aislamiento de los aspectos o elementos que la teoría y la práctica consideran esenciales para lograr un conocimiento objetivo de la realidad. Se eliminan del proceso de conocimiento los aspectos secundarios o no esenciales del problema o fenómeno.

99. REFERENTE EMPÍRICO

Es el aspecto más concreto de una variable y sirve para la observación y medición del fenómeno que se estudia. Los referentes empíricos son manifestaciones externas de la realidad y se utilizan para determinar: a) el tipo de técnicas a utilizarse para recopilar la información, b) el tipo de preguntas a formularse en un cuestionario, guía de entrevista u observación, a fin de obtener datos empíricos objetivos. Se le conoce también como *ítem*.

— Calidad de vida (variable)
— Tipo de vivienda (indicador)

Los referentes empíricos son, por así decirlo, los subindicadores:

— disponibilidad de servicios públicos (agua potable, drenaje, luz)
— tipo de materiales de que están construidos los techos, paredes y piso
— cantidad y calidad de muebles y aparatos
— número de personas por cuarto

100. RELACIÓN EMPÍRICA ENTRE FENÓMENOS

Es la vinculación que se observa entre fenómenos presentes en la realidad objeto de estudio con base en indicadores concretos. A partir del descubrimiento de dicha relación puede iniciarse la explicación causal. La relación empírica sólo expresa los vínculos del mundo exterior, es decir, la manifestación externa de las leyes que rigen los procesos de la realidad, la cual sólo permite establecer hipótesis empíricas.

101. REPRESENTATIVIDAD DE LA MUESTRA

En la investigación social la mayoría de los estudios se basan en muestras, por lo que el investigador está siempre interesado en que su muestra tenga representatividad, es decir, que represente a la población de donde se obtuvo. Existen diversos grados de representatividad dependiendo del tamaño de la muestra. Si ésta es reducida, aquélla será menor; en cambio, si la muestra aumenta hasta acercarse al tamaño de la población será más representativa. La representatividad está en función de los niveles de precisión y confiabilidad que se utilicen para calcular el tamaño de la muestra.

102. RELACIÓN SUJETO-OBJETO

Es la relación que se establece entre el sujeto cognoscente (investigador) y los fenómenos o problemas que investiga (objeto de estudio). Esta relación es histórica y está determinada por: las condiciones sociales en que se realiza el quehacer científico; las características del objeto de estudio; el marco político de la institución en la que se efectúa la investigación; el marco teórico, las hipótesis y objetivos de la investigación; el tipo de técnicas e instrumentos de recolección y análisis de datos; y la posición ideológica del investigador.

No debe olvidarse que en la medida en que los datos que proporcione una muestra sean más confiables y precisos, es decir, más representativos, mayor será el costo de la investigación porque aumenta el tamaño de la muestra. También debe señalarse que el diseñar una muestra que sea representativa no es suficiente para que los datos captados a través de técnicas como la observación, la entrevista o la encuesta sean, por ese hecho, representativos. Hay que tener en cuenta que quien recopila la información es un ser humano que tiene elementos objetivos y subjetivos que influyen en el proceso de recolección de datos y en toda la investigación. De acuerdo con estudios realizados, una misma pregunta formulada por dos personas a un mismo entrevistado en la que una de ellas introduzca una ligera modificación —incluyendo el tono de voz— dará por resultado respuestas diferentes.

103. RESEÑA CRÍTICA

Es la exposición de las ideas, conceptos o tesis más importantes que contiene un ensayo, artículo o libro. En la reseña crítica se exponen las dudas, comentarios o desacuerdos que se tienen con el autor de la publicación. Esto permite que el reseñista desempeñe un papel activo y crítico en la elaboración y profundización del conocimiento, y no sea un simple receptor o transcritor pasivo de las ideas o resultados que surgen en el proceso de conocimiento de la realidad.

104. RESUMEN

Es una síntesis de los planteamientos o ideas del texto (libro, artículo, ensayo) que se consideran importantes para tener una visión de conjunto de la obra. En el resumen no se exponen los puntos de vista, críticas, o comentarios de la persona que lo elabora.

105. REVISIÓN BIBLIOGRÁFICA Y HEMEROGRÁFICA

Es el trabajo preliminar que realiza el investigador para poder llevar a cabo su estudio, y consiste en conocer y clasificar, a través del análisis del índice o de una lectura panorámica de los textos, aquellos materiales (documentos, censos, libros, artículos, etc.) que tratan teórica y empíricamente cuestiones relacionadas con el problema objeto de estudio. Esta revisión permite un acercamiento a la realidad que se va a investigar a través de las aportaciones teóricas y empíricas hechas por otros científicos. Puede decirse que, desde esta fase comienza el trabajo de investigación.

106. TABULACIÓN

Es el proceso mediante el cual los datos recopilados en el trabajo de campo se organizan y concentran, con base en determinadas ideas o hipótesis, en tablas o cuadros para su tratamiento estadístico.

107. SÍNTESIS

Es el método que permite reconstruir el todo material o ideal de acuerdo a una idea o hipótesis rectora. Después de desmembrar el todo se requiere recomponerlo a fin de alcanzar una mayor comprensión de la dinámica de la totalidad y de sus vínculos y formas de manifestarse. Las partes se organizan de acuerdo a una visión de totalidad, ya que abarcando el todo se comprenden mejor sus componentes. Se parte del supuesto de que el todo es algo más que la suma de sus componentes. La síntesis supera el análisis, pero sin éste no puede haber síntesis.

108. SISTEMATIZACIÓN DE EXPERIENCIAS

Es la organización de las experiencias directas o indirectas con base en determinados conceptos o ideas, para utilizarlas —conjuntamente con el conocimiento teórico— en el planteamiento de los problemas e hipótesis de investigación. La sistematización de experiencias es de suma importancia cuando se carece de suficientes elementos teóricos para efectuar el trabajo de investigación, ya que permite un acercamiento preliminar necesario para iniciar el proceso científico de conocimiento de los problemas o fenómenos.

109. TÉCNICA

Es un conjunto de reglas, operaciones o procedimientos específicos que guían la construcción y el manejo de los instrumentos de recolección y análisis de datos. La técnica sirve para auxiliar al investigador en la aplicación de los métodos de la ciencia.

Contrariamente a lo que muchos piensan, el empleo de técnicas en la investigación social de ninguna manera significa que el análisis de los fenómenos sociales sea funcionalista, ya que las técnicas se ubican dentro de determinada perspectiva teórica que orienta tanto la selección de los procedimientos como la construcción y aplicación de los instrumentos de investigación. Marx, por ejemplo, elaboró en 1880 una encuesta obrera para conocer la problemática de los trabajadores ocasionada por la organización capitalista de la producción. Lo que varía en todo caso es el tipo de preguntas que se hacen y la utilización de los resultados, lo cual está determinado por el marco teórico empleado para realizar la investigación. Recuérdese que según sea el tipo de preguntas que se formulen serán las respuestas que obtengamos de la realidad.

110. TÉCNICAS DE INVESTIGACIÓN DOCUMENTAL

Son los procedimientos o medios que permiten registrar las fuentes de información, así como organizar y sistematizar la información teórica y empírica (ideas, conceptos, hipótesis, datos, etc.) que contiene un libro, artículo, informe de investigación, censo, u otros documentos, para utilizarla a fin de tener un conocimiento preliminar del objeto de estudio y/o plantear el problema de investigación, el marco teórico y conceptual y las hipótesis. Entre las principales técnicas de investigación documental se encuentran la ficha bibliográfica y hemerográfica, la ficha maestra y la ficha de trabajo.

111. TEORÍA CIENTÍFICA

Es una proposición que articula orgánicamente diversas leyes y conceptos con el objeto de explicar y predecir, en la medida de lo posible, determinados fenómenos que se presentan en una parcela de la realidad objetiva. Por ejemplo: la teoría de las clases sociales; la teoría de la explotación capitalista.

112. TRABAJO COMUNITARIO

Es el conjunto de actividades que realiza un equipo de trabajo con el propósito de conocer objetivamente determinada comunidad o algún aspecto concreto de ésta. El trabajo comunitario incluye también las acciones que se emprenden con la población para incidir en los procesos sociales a fin de mejorar las condiciones de vida de la misma.

113. TRABAJO DE CAMPO

Es el conjunto de actividades dirigido a recopilar información empírica sobre un aspecto o problema específico de la realidad.

Para ello se utilizan técnicas e instrumentos adecuados y precisos que permiten captar datos objetivos del mundo material. El trabajo de campo se planea con base en la información que se tiene sobre el objeto de estudio, la información que se quiere obtener, los objetivos del estudio, el tipo de técnicas e instrumentos que habrán de aplicarse, así como el tiempo, el personal y los recursos económicos y materiales disponibles.

114. UNIDAD DE ANÁLISIS U OBSERVACIÓN

Es el elemento (persona, institución u objeto) del que se obtiene la información fundamental para realizar la investigación. Pueden existir diversas unidades de análisis según sea el tipo de información que se requiera y dependiendo de los objetivos del estudio. Por ejemplo, si se investiga sobre la situación de la vivienda en la ciudad de México, las unidades de análisis pueden ser las personas que habitan las viviendas y/o las viviendas mismas.

115. UNIVERSO

Es el conjunto de elementos (personas, documentos, instituciones, objetos) que poseen aspectos comunes susceptibles de investigarse. Un mismo universo puede contener distintas poblaciones según el objeto de estudio de que se trate. Por ejemplo, del universo *los habitantes de la ciudad de México* pueden obtenerse las siguientes poblaciones: los habitantes mayores de 21 años, los habitantes obreros, los habitantes mujeres, etc. El aspecto común a todas estas poblaciones es el hecho de vivir en la ciudad de México.

116. VALIDEZ EN LA INVESTIGACIÓN

El problema de la validez se presenta en todo el proceso de investigación, a nivel general y particular. En el primer caso, podríamos ilustrarlo con el diseño de investigación que involucra diversas etapas. Aquí, la validez puede considerarse como la propiedad que tiene un diseño para servir de guía en la obtención del conocimiento objetivo. Es decir, en la medida en que el diseño permita dirigir las operaciones de observación, medición y análisis de los fenómenos en los términos teóricos propuestos por el investigador, un diseño tendrá validez científica.

La validez puede referirse también a un elemento o procedimiento particular de la investigación. Por ejemplo, al efectuar el proceso de operacionalización de hipótesis, los indicadores elegidos deben mostrarnos la realidad que queremos observar y/o medirla en los términos formulados. O sea, deben indicar aquello que dicen que indican. Si tratamos de conocer la desintegración familiar y uno de los indicadores elegidos es la falta de comunicación entre padres e hijos, este indicador nos está mostrando parte del fenómeno, es decir, es válido para conocer la desintegración familiar.

Si se trata de técnicas e instrumentos de recolección de datos, éstos deben ser capaces de proporcionar la información que se desea obtener según los objetivos de la investigación. Es decir, cuando los instrumentos recogen la información para la que fueron diseñados se dice que cumplen con el requisito de validez.

Igualmente, un sistema de clasificación o codificación es válido si ubica las respuestas de un cuestionario o entrevista o las observaciones realizadas en las categorías correctas. También un procedimiento de medición es válido si mide las características o variaciones en los términos planteados.

Finalmente, un análisis es válido si partiendo de la información disponible llega a responder a las interrogantes planteadas al principio de la investigación, es decir, si permite someter a prueba las hipótesis y alcanzar los objetivos de la investigación.

Hay que subrayar que la validez está en función no sólo de que las distintas fases y procedimientos de investigación estén diseñados de acuerdo a las bases teórico-metodológicas del estudio. En el problema de la validez está presente la forma como se lleven a cabo las distintas etapas de la investigación y se apliquen las técnicas e instrumentos de recolección, medición y análisis de la información. Recuérdese que el observador, entrevistador, codificador o analista introduce sus valores, prejuicios, interpretaciones, etc. en el momento de captar, medir, clasificar o analizar la información. Sin duda, el elemento subjetivo juega aquí un papel de gran importancia que es necesario tomar en cuenta cuando se plantea la validez de una investigación y, particularmente, de las conclusiones.

117. VARIABLE

Puede definirse como una característica, atributo, propiedad o cualidad que: a) puede darse o estar ausente en los individuos, grupos o sociedades; b) puede presentarse en matices o modalidades diferentes; c) se da en grados, magnitudes o medidas distintas a lo largo de un *continuum*.

Las variables pueden ser manipuladas en cuatro niveles de medición: 1. nominal o clasificatorio; 2. ordinal; 3. de intervalo; y 4. de razón.

Por su posición en una hipótesis o correlación, las variables pueden clasificarse en independientes, dependientes e intervinientes.

La variable independiente es el fenómeno o aspecto que explica, condiciona o determina la presencia de otro; la variable dependiente es el fenómeno o situación explicado o que está en función de otro y la variable interviniente es el elemento que puede estar presente en una relación entre la variable independiente y la dependiente, es decir, influye en la aparición de otro elemento, pero sólo en forma indirecta.

118. VERDAD CIENTIFICA

Es el conocimiento o conjunto de conocimientos objetivos sobre algún proceso o aspecto de la realidad material, expresado en conceptos, leyes y teorías, que se obtiene por medio de la investigación científica. Las verdades se alteran o enriquecen de acuerdo con el desarrollo de la ciencia y de las nuevas formas y relaciones que adoptan los fenómenos de la realidad objetiva en su desenvolvimiento histórico.

Anexo

Discurso del Dr. Pablo González Casanova

(Premio Nacional de Historia, Ciencias Sociales y Filosofía 1984)

C. Presidente de la República, Lic. Miguel de la Madrid Hurtado, Señoras y señores.

Al recibir el Premio nacional de Historia, Ciencias Sociales y Filosofía una de las felicitaciones que más me alegraron fue la de aquellos que sintieron que con el premio también se les premiaba a ellos, en una especie de declaración de respeto a su posición independiente y crítica. Su entusiasmo evidente, su seguridad calurosa, me parecieron encerrar por lo menos dos significados, el que ellos mismos vieron de ganar o consolidar espacios políticos, y el que corresponde a un Estado que en gran parte es heredero de una cultura de la tolerancia, extraordinaria, la juarista.

En cualquier caso me pareció que al decir estas palabras debería hablar de la democracia, en especial de un nuevo concepto de la democracia que está surgiendo en América Latina, y que no sé si estamos entendiendo bien, y que es importante entender como intelectuales, o como líderes, o como hombres de Estado. Y de eso nuevo, o que me parece nuevo, querría hablar un poco aquí.

El problema de la democracia en México no es solo del sistema político. Es también un problema del Estado. Lo mismo ocurre en América Latina, el problema de la democracia no es nada más un problema político, sino un problema del poder.

curiosamente eso, el Estado mexicano lo entiende bien cuando se refiere a lo nuevo en América Central, pero no siempre parece entenderlo con la misma profundidad cuando se refiere a lo nuevo en México; y es necesario entenderlo, porque si nuestra política exterior es una de las más avanzadas y progresistas, una de las más creadoras para abrirle paso al siglo XXI, a ninguno cabe duda que hay una contradicción entre esa política y la que en el interior del país no logra las mediaciones necesarias para que la soberanía del pueblo mexicano se exprese más concretamente en el sistema electoral, en el gubernamental, en la cultura, y en la política económica con justicia social, fenómenos todos a los que nos referimos con entusiasmo simbólico y con escepticismo práctico, como si la soberanía popular fuera un símbolo respetable y una práctica ilusoria para el sentido común.

¿En qué consiste una democratización real, en México? ¿Consiste en que haya alternancia de partidos? ¿Consiste en que los tres poderes tengan soberanía? ¿En que las entidades federativas sean soberanas? ¿En que disminuya el presidencialismo y se busquen otras fórmulas igualmente ejecutivas, pero más democráticas? ¿Consiste en incrementar el respeto al pluralismo ideológico y al pensamiento crítico? Sí, en parte sí, pero sólo en parte.

Nuestra democratización sigue planteándonos en primer lugar dos problemas reales en relación al Estado-Nación, el de ser un Estado contra la intervención extranjera imperialista, y el de ser un Estado contra la ruptura del orden constitucional. Un Estado antiintervención y un Estado antigolpe es el primer objetivo democrático. Inmediatamente después toda democratización plantea el problema del pluralismo ideológico por una parte, y por otra el respeto a las llamadas etnias, a los llamados indios, a los mexicanos colonizados. Ambas son tareas democráticas esenciales: aquélla en cualquier país del mundo, ésta en los países de origen colonial. Pero el problema no queda allí. La democratización de la sociedad y el Estado plantea la necesidad de que el pueblo trabajador participe en el poder del Estado, en la producción y en los frutos del desarrollo, enfrentando una sociedad no

186

sólo dividida en clases sino en "sectores" de clase, en que los marginados de las clases trabajadoras son una realidad lacerante sin organizaciones, sin derechos reconocidos, sin servicios ni prestaciones sociales, con salarios inferiores al mínimo, con hambre, con altas tasas de morbilidad y mortalidad, con poca esperanza de vida.

Aun la inclusión de los elementos anteriores parecería sin embargo insuficiente. Lo nuevo en México y en América Latina no es la combinación de la democracia electoral y de la participativa, sino la forma en que la combinación ocurre sobre la base de una exigencia real y maravillosa: el pueblo quiere el poder. Y si eso suena terriblemente ingenuo es, sobre todo, terriblemente exacto. La lucha por la democracia hoy es una lucha por el poder. No basta con mejorar los sistemas políticos. Lo que el pueblo está exigiendo con sus organizaciones más directamente representativas y lúcidas es mejorar los sistemas de poder y su posición de ellos. No quiere sólo espacios políticos en un vacío de poder. Quiere por lo menos una parte del poder. A veces se conforma con ir tomando parcelas, territorios de poder. Y cuando se lo niegan —como ocurrió en Nicaragua— quiere todo el poder y lo obtiene como en Nicaragua. Con tregua o sin tregua quiere el poder, como en El Salvador o en Chile.

En México el problema se plantea en los organismos de masas del Estado, y fuera de ellos en los partidos de la izquierda y en los múltiples movimientos de colonos, de campesinos pobres, de indios, de gremios, de obreros avecindados, de municipios. En todos los movimientos sociales surge el clamor de un nuevo tipo de negociación que respete su autonomía y su soberanía en el interior del Estado y fuera del Estado.

Elecciones, descentralización, pluralismo, límites del presidencialismo, ninguno de esos objetivos tienen significado alguno si no aceptamos la democracia con todas sus consecuencias, dejando que ganen no sólo el PAN o el PDM cuando ganen, sino también el PSUM, el PMT, el PRT, el PPS, el PST y todos los partidos o coaliciones que intentan representar al pueblo trabajador en su proyecto popular, democrático y socialista, a menudo heredero de las posiciones más radicales de la Revolución Mexicana.

Aceptar la democracia con todas sus consecuencias es no quedarse en la abstracción de la democracia para las fracciones de las clases dominantes.

Aceptar la democracia en todas sus consecuencias es aceptar el diálogo y la negociación con las bases de los sindicatos y centrales obreras, campesinas, gremiales.

Aceptar la democracia con todas sus consecuencias es permitir que el legislativo discuta a fondo los proyectos de ley, y que las decisiones mayoritarias se tomen en su seno tras escuchar el pensamiento de la minoría parlamentaria y las argumentaciones del Congreso del Trabajo.

Aceptar la democracia con todas sus consecuencias es realizar un nuevo tipo de política, que funde cualquier teoría de la seguridad nacional en el apoyo del pueblo, sin cacerías de brujas ni mitos anticomunistas, anticubanos o antisoviéticos que velen la cuestión social.

Los gestos del imperio son hoy los de una minoría que intenta cambiar la correlación de fuerzas con su obstinada firmeza, a riesgo de un nuevo Vietnam que se empeña en no prever.

Nosotros hemos de enfrentar la soberbia de la política imperial con el respaldo de la mayoría del pueblo y de la mayoría de las naciones. Para eso, lejos de caer en los argumentos falaces de la vieja o la nueva guerra fría, con serenidad y firmeza debemos promover la defensa nacional con una política económica, con una política de comunicaciones y cultura, y con una política de poder que constituyan una formidable alternativa a cualquier intento de desestabilización del régimen constitucional.

En la actual crisis no habrá ningún proyecto democrático sólido sin una política económica que proteja el consumo, la producción y el empleo del pueblo mexicano en un programa nacional de "desmercantilización" del alimento, el vestido, la medicina y la vivienda para las grandes masas. Al efecto será necesario democratizar la política económica reorientando la política fiscal, la política de inversiones y gastos, de exenciones y subsidios, de crédito a la producción y distribución de artículos y servicios de consumo popular.

La comunicación y la cultura son elementos fundamentales de sobrevivencia nacional. Sin la democratización de la televisión y los medios de masas es imposible enfrentar la transnacionalización sistemática del país, la dependencia creciente de las imágenes, de las razas, de los patrones de consumo, de los ideales de vida, que no sólo nos·someten como mexicanos sino como personas. Las universidades e institutos de cultura superior tienen la misión de servir al país y al pueblo en el desarrollo científico, tecnológico y humanístico del más alto nivel y también han de contribuir, con otras colectividades nacionales, incluidos los municipios, los sindicatos, los ejidos, a la elaboración de una comunicación y una cultura de masas que busquen la vida y la estética del pueblo y del mundo sin las mediaciones neocoloniales. Concederles los más amplios recursos y medios para encauzar las tareas de comunicación y cultura constituyen una prioridad nacional.

Pero todo lo anterior parecerá ilusorio y será ilusorio si no nos percatamos que se trata de ser enormemente receptivos a lo nuevo que hay en México. Se trata de reconocer el derecho institucional a formar poderes populares dentro de las organizaciones de masas del Estado y fuera de ellas. Se trata de alcanzar y consolidar un nuevo sentido común, un nuevo estilo de hacer política de acuerdo con los intereses del pueblo de Juchitán. Democracia electoral en serio con representantes del pueblo que atiendan los intereses y el poder del pueblo, eso es hoy democracia. Decirlo puede parecer "idealismo" o falta de sentido político, pero es el resultado asombroso de la sagacidad y la experiencia emergentes en las organizaciones populares y en los movimientos sociales de un México distinto en el que será político quien le ofrezca al pueblo y quien le cumpla, quien por realismo tenga que cumplirle.

Aquí, en Palacio Nacional, en el Patio de Honor, voto por la democratización de las instituciones, los partidos y los sindicatos, y por la fuerza de una gran nación independiente y de un gran pueblo soberano.

Muchas gracias.

Pablo González Casanova
19 de diciembre de 1984